CHINA, JAPAN,
EUROPE AND
THE ANGLO-SPHERE
A COMPARATIVE
ANALYSIS

文明的比较

〔英〕艾伦·麦克法兰（Alan Macfarlane） 著
荀晓雅 译

中国科学技术出版社
·北京·

China, Japan, Europe and the Anglo-Sphere - A Comparative Analysis by Alan Macfarlane
Copyright © Alan Macfarlane, 2018
First published in Great Britain in 2018 by Cam Rivers Publishing Ltd.
All rights reserved.

北京市版权局著作权合同登记　图字：01-2021-6572

图书在版编目（CIP）数据

文明的比较 /（英）艾伦·麦克法兰著；苟晓雅译 . — 北京：中国科学技术出版社，2022.1（2022.7 重印）

书名原文：China, Japan, Europe and the Anglo–Sphere – A Comparative Analysis

ISBN 978-7-5046-9377-8

Ⅰ . ①文… Ⅱ . ①艾… ②苟… Ⅲ . ①世界史—文化史—对比研究 Ⅳ . ① K103

中国版本图书馆 CIP 数据核字（2021）第 255266 号

总 策 划	秦德继	策划编辑	申永刚　陆存月
责任编辑	杜凡如	封面设计	今亮后声·郭维维
版式设计	锋尚设计	责任校对	邓雪梅
责任印制	李晓霖		

出　　版	中国科学技术出版社
发　　行	中国科学技术出版社有限公司发行部
地　　址	北京市海淀区中关村南大街 16 号
邮　　编	100081
发行电话	010-62173865
传　　真	010-62173081
网　　址	http://www.cspbooks.com.cn

开　　本	880mm×1230mm　1/32
字　　数	146 千字
印　　张	7.375
版　　次	2022 年 1 月第 1 版
印　　次	2022 年 7 月第 3 次印刷
印　　刷	北京盛通印刷股份有限公司
书　　号	ISBN 978-7-5046-9377-8/K·315
定　　价	69.00 元

（凡购买本社图书，如有缺页、倒页、脱页者，本社发行部负责调换）

谨以此书献给我的好友、编辑、出版人约翰·戴维（John Davey）(1945—2017)。

感谢我的学生、好友弥生在此书的翻译出版过程中作出的贡献，以及周钰、黄振坤和张润在此书的翻译中提供的帮助。

前言：源起

本书[①]是2011年王国维主题系列讲座的延伸，也是《现代世界的诞生》(The Invention of the Modern World)的续集，主要目的是呈现给中国读者。在之前的书中，我试图用亲身经历解释英国的现代性范式，但五年之后，大众对跨文化解读书籍的需求似乎更上一层楼。随着"一带一路"倡议的深入发展，中国与其他文明之间的关系日趋密切，因此，也需要加深理解各种文明之间的异同。所以这本书不仅是对先前探索的延续，更是不拘于英语世界，尝试以宏观视角将日本和欧洲两种文明囊括其中。

这本书是我对日本方向研究的作品的续集，同时也融入了我的阅读和在旅行、跨文化交往中，经过长期观察所积累的阅历。经过十五年间的八次旅行和与六个个体的深入交流，我终于完成了日本这一部分。

---

① 本书原版于2018年出版。——编者注

本书基于我十六次前往中国，多次访问欧洲大陆和长期浸润在英国的经历写成。距我1996年第一次去中国已经二十一年，我自然和中国的缘分很深。并且，在这期间我与中国各界人士、研究者和我的挚友的交谈要比想象中更加丰富和多元。另外，我与中国的缘分还有更深一层维度，我受邀参加了许多工作坊、暑期课程，担任客座教授，进行巡回演讲，参与展览、会议、晚宴、出版以及其他与中国伙伴的项目。这些经历给了我一般旅行者或读者所不及的对中国深入的洞见。很荣幸，我得以在很多杰出的中国青年身上证实了我的猜想，他们将出现在本书的致谢名单上。

我选择现在写这本书有诸多原因，它们都表明现在正是最好的时机。首先，中国正在显著并且飞速地发展——现象级的改变在当年的考察旅行中就已经发生了，这些改变标志着中国未来巨大的发展潜力。世界需要了解中国，因为中国正在并且将要持续影响他们的生活。

其次，中国以外的人经常对中国持有一种病态的、过时的态度。他们中的大多数鲜知中国的历史和文化，但偏激不实的报道和对中国成功日益所增加的恐惧混合着，扭曲了他们仅知道的那一点事实。甚至在那些邻国中，特别是日本，经常歪曲中国历史，对中国人民抱有偏见。目前，这种矛盾和对立正在被好战的美国式立场所激化，有可能会导致新一轮灾难。

就我自己的生活轨迹和写作而言，这本书将我从英国，然后通过尼泊尔和印度东北部到日本,最后到中国的所有经历和阅读编织在了一起。我的书起始于小切口的本土化研究,如"资源与人口""民间巫术"和20世纪70年代的"个人主义",然后以一个更全球化的视角去看待从孟德斯鸠到福泽谕吉的"谜语"和"制造"的政治哲学,也对19世纪90年代"野蛮战争"中的英国和日本进行深刻比较。现在,在完成《玻璃的世界》(The Glass Bathyscaphe)《绿色黄金:茶叶帝国》(Green Gold: The Empire of Tea)和《给莉莉的信:关于世界之道》(Letters to Lily: On how the World Works)的概观式写作之后,我想在此基础上,创作一部有关文明的新书。

本书是一次尽我所能展现其全貌的尝试。这项展示四个古老而伟大文明的工作实在太庞大也太复杂,任何人能做的也只是窥其一角罢了。本书没有满篇的脚注,也没有复杂的写作范式,在某种意义上,这并不是一本严谨的学术著作。很多结论可能会显得简略或者过于自信,但经过我一生的学术研究后,我坚持认为学者应该使结论尽可能简单明晰。

法国政治思想家托克维尔(Tocqueville)给了我这样的观点,此处非常值得引用他对自己的著作《旧制度与大革命》(L'Ancien Régime et la Révolution)的辩护。这本书看上去非常浅显易懂,但实则人们只理解了它内涵的冰山一角。托克维尔为欧洲文明史料研究伏案八年,进行了深刻的思考。在书的前言他写道：

> 我可以毫不吹嘘地说，现在出版的这本书是一部凝结了心血的作品。有时我在很短的一个章节上会花一年多的时间加以研究。我本可在书的页脚写满注释，但我更愿意在文中插入零星的标注，在书后列出被引用的参考文献。注释中会呈现相关解释和证明。必要的话，我也可以征引更多相关文献。

对不同文明的阐述，主要依据我在当地的亲身访问和交流经历。每一次实地考察都给我惊喜，向我展示新的方向，让我在角落里挖掘未被发现的宝藏，以全新的方式去理解事物，因此书稿也得以不断完善。正如赖特·米尔斯（Wright Mills）所说，每部作品都具有暂时性。一个人积累知识，然后通过实践去重新整合。他描述道："想法和计划都由我提出，因此所有的项目都从我开始也到我结束，书在其中起到穿针引线的作用。"

我深知"本质化"的危险性。我的方法是寻找文明中"法的精神"和"深层逻辑"，传统意义上的孟德斯鸠、托克维尔、福泽谕吉以及其他古典社会思想家已经不流行于时下了。也许因为一切都处于变化之中，很多人会认为文化具有随机性、偶然性和创造性，是处于变化中的。很多人不喜欢着重连续性、永久性差异和基本特征画像——这些充其量被认为是一种保守的方法。若执意采用，在最坏的情况下，它显然可能会落入种族主义和决定论的窠臼。

然而，我坚持自己的方法，因为我相信连续性，也相信鉴于历史世界所呈现的大量信息，一些简化分析技巧是必不可少的。谨慎的措辞或许能修饰我的很多观点，比如使用"大概""可能""有时"及其他限定词语。这可能会减少争议，但我一直认为这样做没有意义。正如我的一位老师兼挚友休·特雷弗-罗珀（Hugh Trevor-Roper）说的那样，"一个新的错误胜过一千个陈词滥调的真理"。我曾尝试避免错误，但有时即便是错误也是有意义的。

最后，我要指出，读者可能会认为关于中国的陈述只局限在第一章。但实际上，这只是一个开篇的概览。只有当我们把视线从中国移开，将其与异同参半的邻国日本相比较，进而与一神论的欧洲及整个英语世界相比较时，我们才真正开始理解中国的独到之处，以及这几种文明各自的特点。尤其在本书后半部分的对比章节中，我不再将这几种文明割裂开来，而是去寻找在历史长河中这四种关乎千百万人的文明间相通与不同的地方。

理解文明

我们大多数人都希望自己可以活在当下。如此看来，我们都被最近发生的一些事件和那些耸人听闻的新闻标题所左右了。用我小女儿的话来说，这个世界似乎"是个十分可怕的地方"。旧的秩序正在分崩离析。不断有人告诉我们，我们正生活在一个全新的世界里，到处都是前所未有的变化和挑战。从某种角度上讲是这样的。当今发生的变化，无论速度还是程度上都是几千年来所未曾有过的。站在旁观的视角上，便很容易将那些导致我们迷茫和焦虑的众多压力逐一解构。

当今世界的巨变之一就是人口迁移现象，数量如此之大的人口以从未有过的速度迁入迁出，通常是从较贫穷的国家迁移到被认为是更发达的国家。从非洲与中东到欧洲国家的人口流动便是其中一例。此外，还有越来越多决意孤注一掷的人们从美国中部及南部往美国北部迁移。这使文化与习俗全然不同的人们一下子成了邻居，许多人因此而产生一种危机感甚至有时感到愤怒。

我们习惯了在几千人的移民潮中泰然处之，而现在却是数以百万，再加之目睹这些人在路上挣扎甚至溺亡时那种恐惧与伤感混杂的滋味，在我的记忆里从未有过。当然，类似的事也曾发生过，比如在印巴分治时期，又或是在第二次世界大战后期的欧洲，但那时的人们并不能每天在家里的各种屏幕前便看见这些悲剧的上演。**拥有不同文化和历史烙印的人们所组成的社群正在世界各地形成。尝试了解如何应对这种情形，并应当抱有多少宽容，新流入的人口距离威胁到东道国的"核心"共同体还有多远，是我们的时代中最大的问题之一。**

面对各种文化风格的选择和现代通信技术所带来的多种生活方式的持续夹击，我们的迷茫和焦虑正与日俱增。而这又加剧了我们身上压力的种类和强度。我们不仅享受着来自世界各地的食物和物质资源，对我们深层文化习俗的挑战也随之而来。20世纪60年代我在牛津大学读书时，人们关于移民的想法还主要在欧洲和美国之间游移。而现在，我们正生活在一个动荡、多极的世界里，一处起涟漪，处处是波澜。

在思想和时尚通过电影、电视、电话与个体传播得没有那么快的20世纪后半叶亦是如此。这是一个属于互联网、电子邮件、社交媒体、智能手机和24小时直播报道的时代，这就意味着无论是在市场、时尚领域还是政治舞台上，所有事情都在以光速前进。这使人深陷迷茫、永不止息的信息数据浪潮甚至影响到居住在这个世界最偏远地区的人们。

由于计算机和互联网的发展所导致的信息高速流通只是使我们的生活动荡不安的原因之一，却也是常常被我们忽视的一点。有一条规律指出，应用科学领域的科技水平会呈指数增长，而这也使世界正变化得越来越快。我们深深地被周遭的物质环境所纠缠，正如人们常说的，科技是"人类的延伸"。

这些压力还与另一因素有关，即全球范围内力量的快速更迭。我们可以看到，在距今二百五十年前，地球上最辽阔、最富庶、最有影响力的国家都在亚洲，尤其是中国。但在之后的二百五十年中，权力的钟摆移至了西方，并在20世纪中叶时达到了顶峰。之后又开始向东方回摆。

亚洲已和西方处于相同的经济水平上，甚至有些人认为中国已经成为世界第一大经济体并很快会取代美国的地位。正如塞缪尔·亨廷顿（Samuel Huntington）所指出的："到21世纪中叶，甚至更早，经济与制造业产出在主要文明中的分布将会类似于19世纪时的情况。西方在世界经济发展中的'昙花一现'即将结束。"

这一现象的影响将是巨大的，不仅是一个大国的崛起，同时也是一种空前绝后的新秩序的来临。很多人相信21世纪将会是由亚洲，尤其是中国领导世界的纪元。我们几乎已经能够预见这将对全球的经济和文化所产生的影响，却很少有西方人真正地了解中国、日本和其他亚洲文化，以及他们的文化与西方文化有怎样的差异。

相反，中国和其他亚洲文明则一直在努力探索怎样在吸收西方科技、社会结构、法律体系、教育模式和治理政策精华的同时，不丢掉自己的历史传统和文化认同感。对日本和印度来说，这个问题已经萦绕了一个世纪之久，而成为经济和政治强国后的中国也在面对同样的问题。很多中国人对西方文化的深层构成知之甚少。一个简单的解释也许便可以帮他们选择如何扬弃。

最后，国际上政治的无政府状态也是当代人陷入焦虑的一个主要原因。当我们目睹了从北非到阿富汗这些地带的政体无可挽救地接连崩溃，看到东欧边境冲突的危局，真切地感到我们这些人正处于一次旧秩序大解体的时代。

新的通信技术和权力天平的摇摆提醒着我们，我们正生活在一个互联互通的世界上，各种历久弥新的文明将在未来几十年也许是几百年中与我们同在。而试图让这些文明成为一种统一的、全球化的世界文明注定是徒劳无功的。我们将生活在这些由世界历史潮流所创造的坚不可摧的文化区块之中。这意味着文明之间的相互理解至关重要。那么我们要如何通过对世界以及自身态度的彻底反思来达到这种理解呢？我们可以从尝试定义文明，找到一个简单的方法拆解其复杂性，直至我们能够理解和比较它们开始。

文明不等同于帝国，因为一种文明并不总是被一个中央政权所维系。但属于同一文明的人却是由同样的语言、同样的意识形态（有时是宗教）以及各种习俗和文化特征所联系的。这使生长在一种文明下的人们会产生叫作"我们"的意识，而这种意识相对于其他文明时是具有排他性的。中国人、日本人、欧洲人乃至英语文化圈中的人们，都是一种"我们"的意思。随着通信技术种类的多样化，形态、文化与身份已遍布在政治分化的各洲，我们有理由认为文明才是在这个星球上起主导作用的主要单位。基于这种认识，为了世界的未来，我们应给予文明足够的重视。

有人提出，这是一系列根深蒂固的阶级意识在左右着我们的生活。这种由未经深思的想法、身体力行和感受世界的方式所构成的混合体，从童年起便塑造着我们。而这些倾向通常是看不见的，只是在宗教、经济、政治、法律、社会、智力及其他形式体系中留下它们的痕迹。这些"思想的习惯"和感受藏匿于日常生活的表面之下。一旦有更清晰的规则，我们便可以更好地理解我们这个世界。

在托克维尔的著述中，我们可见到目前对文明理解最成功的尝试之一。在其著作《论美国的民主》(*Democracy in America*)和《旧制度与大革命》中，我们可以看到他对英、法、美三种文明的深刻理解。每种文明都是彼此独立而不同的，而托克维尔却可以找到方法将三种文明一起吸收理解。他在书中演绎了各文明的深层历史，即所谓的"原点"是如何塑造文明的，如何指向了那些决定着过去和未来的社会结构关系。

他使用的方法之一是广泛比较研究法。在整个写作过程中，他一直都在思考着这三种或是四种文明（事实上他对北非和印度文明也很感兴趣）。不断地对比和比较使得每一个对象都清楚明了。这些比较分析使托克维尔在自己的本土文化法国文化面前也可以以局外人的角度清晰地论述分析。同时，也可以进入美国文化这个对他而言的新世界中去。

方法之二，托克维尔也试图通过视线的转换来理解这个世界——其目光从特定的事物，如音乐、政治、家庭转移到事物之间的关系，如政治与宗教、家庭和经济之间的关系上。

在一种文化元素之间的平衡和张力中，我们会发现它更深层的内涵。这种方法也可以称为"整体"法，即去考虑某一文明的整体而非关注它的一个部分。

托克维尔思想的第三个特点是他对历史学和人类学的结合。经历了法国大革命且出生在一个古老的家族使托克维尔意识到历史的重要性。他深刻地明白人们只有通过几个世纪的追溯才能真正理解一种文明，只着眼当下的研究注定是肤浅的。

而要描述一种文明不仅需要深刻的思考，还需要有同理心和直觉力，以及身体力行。这也就是为什么很少有人能够成功地对一种世界文明给出让人信服的解释。而针对我们试图去了解文明时面对的诸多困难，在人类学家克鲁伯（A. L. Kroeber）的书中可以找到阐释。克鲁伯指出文明的样本其实是站在了艺术和科学的边界上。他还认为首先要有同理心，要有扼制自我民族中心价值观的意识。

然而即使有比较法、原点的思想和直觉力的帮助，工作量依旧是巨大的。这就必然会导致过于简化和失真的问题。在偌大的领域之下必然会暴露一些无知。但我相信，即使只能取得阶段性的成功也依然值得尝试。

另外可能会对读者理解不熟悉的事物有所帮助的就是不断重复。通过快速地不断呈现不熟悉的文化模式，便很容易使读者摒弃那种狭隘的孤立主义。毕竟我们正生活在一个高度动荡，在各种意义上都有些穷兵黩武的世界里，稍微多一些了解就可能会帮我们免于之前目睹过的种种悲剧。

再者，以史为鉴也可以让我们更好地了解自己。我们对自己所在的世界太熟悉了以至于过起了不经审视的生活，我们往往不会回过头来看看，也就不会明白我们为何做这些事，以及我们如何成为我们。正所谓鱼不知水，鸟不知天，只有当我们离开了自己的舒适区，才会开始注意到周围的一切。

其他文明之所以被定义为与我们的文明是不同的，是因为与我们有着种别和思维方式的差异。要进入一个陌生的世界是极其困难的，因为这需要思维模式的跳跃，要消除怀疑并暂时说服自己相信我们的那个世界并不是全然正确的，那里并没有全部的答案。

◎◎◎◎

如何在地理上定位一种文明呢？一种文化模式、身份认同或生活方式，其边界一般不会与物理界线完全一致。一个文化体系不像一个州或是一个国家，其分布和影响很可能会超出本土的范围。所以中华文明、伊斯兰文化或欧洲文明并不能简单地被界定在中国、中东或欧洲范围之内。一座大城市里就可能会有多种文明的存在。

因此我更倾向于使用一个较宽泛的术语来描述文明，即"领域"。这个领域可以代指诸如"影响领域"或"文化领域"——我把"领域"这个词附加在主语的后面。我第一次遇到这种用法是在詹姆斯·贝内特（James Bennett）的著作《英语文化圈的挑战》(*The Anglo-sphere Challenge*)中，在书中他描述了一个比英国乃至英国和美国加起来还要广的范围，那是所有说英语的国家和受英语影响的世界所共同构成的巨大领域。因此，在后文中，我将从汉语文化圈而非中华文化开始论述。这些领域在向外扩展的过程中可能会共存，会叠加在一起，或是以相当复杂的方式相互影响。

选择哪些文明或领域出现在我的书中也是一个问题。在本书开篇，我对亨廷顿《文明的冲突》(*The Clash of Civilisations*)一书做出了回答，也借此开始划分出几大主要文明。亨廷顿将世界总共分为九大文明。我对他的体系做出了适当的修改，将九大文明减到了四种。我挑选了那些区分显著的领域，那些我个人在纠结、阅读、教学、和友人相处时所了解到的文明。

目录

第一章
四种文明

第一节　汉语文化圈 / 002
第二节　日本文化圈 / 034
第三节　欧洲文化圈 / 060
第四节　英语文化圈 / 091

第二章
文明的比较

第一节　贫与富 / 116
第二节　权利、社会与思想 / 140
第三节　宗教与哲学 / 154
第四节　美梦与噩梦 / 164
第五节　差异与包容 / 182

第三章
接下来怎么办

文明的冲突与和谐 / 206

致谢 / 213

第一章

四种文明

第一节　汉语文化圈

　　中国拥有世界上近五分之一的人口。她孕育了地球上持续时间最长的历史文明，可追溯到至少五千年以前。许多重要的技术都起源于中国，而后才传到了西方。这其中就包括了哲学家培根所指出的现代世界的基石：指南针、印刷术和火药。

　　在近三千年的时间里，中国都是世界上最强大、最富有也是最具创造力的文明。这种盛况一直持续到大约1820年。此后，在短短的两百年中，几乎是其漫长历史之一瞬，她遭到了外来侵略者的袭击，先是英国与其他西方列强，而后是日本。经过了一个多世纪的动荡，从鸦片战争到20世纪下半叶，中国又重新出现在了世界舞台上。

　　似乎再有不到一代人的时间，中国就要再度成为世界第一大经济体了。目前她是仅次于美国的世界第二大经济体，中国的经济规模正以每八年到十年的速度翻倍。如果就人民币购买力而言，考虑到货币的价值与成本（与购买力对等），中国可能已经是世界第一大经济体了。然而局外人却全然不知这个国家正发生着什么，以及这一切是如何发生的。但我们是需要知道的，因为现在的我们几乎都在受中国速度的影响，未来更会是如此。

初识中国

很多西方人对中国的认知来自那些持怀疑和否定态度的媒体或出版物，因此很容易对中国形成一种负面的印象。西方媒体往往会承认中国在物质经济上的增长是可观的，他们也会承认，在过去四十年里中国的经济增长对世界贫困人口减少作出了巨大贡献——中国带领7.7亿农村贫困人口摆脱了贫困[1]，而其他国家作出的贡献则不到其四分之一。然而，人们对这一卓越成就的赞赏很快又被警告说，中国破坏的与创造的东西一样多。

因此，当1996年我第一次到中国时，我的脑海里都是一些从电视和报纸中筛选出来的信息碎片，甚至包括很多负面的信息。

---

[1] 该数据更新于2021年。——编者注

作为一个"自由媒体"环境中的西方消费者，我在20世纪七八十年代接受了太多负面的刻板印象。然而，当我1996年来到中国时，立刻发现刻板印象中的大多数，要么是完全错误的，要么严重扭曲了事实。2002年回国后，我们发现早期的照片也很少是正确的。从那以后，我们每隔一个月或六个星期便去一次中国，游历了中国除偏远西北地区外的大多地区，已经去了十六次。我们与年轻的中国学生一起旅行，去了很多城市、城镇和偏远的村庄。我们同当地人交谈，从普通村民到大学教授再到政府官员。我曾与一些中国的博士生共事，在中国各地做过许多讲座。我们还拍摄了数百小时的影像，拍了很多照片。

以下是到2018年时我对中国印象的简单概述。毫无疑问，未来几年我的观点还会有所改变，但这仍是一次对一个庞大文明的深层结构把握的尝试。

统一的书写语言

由于其庞大的规模和古老的根基，中国的一切几乎都是可以称道的。中国作为一个统一的国家已有超过两千年的历史，那么对于这样一个幅员辽阔、极具多样性的国家而言，有没有什么是可以确切描述她的呢？

我相信一定存在着一些普遍的特征，也正因为这些特征的存在，这个非凡的国度才能在如此长的时间内团结统一。其中一个强大的纽带便是数千年来几乎不曾改变的书写语言。

对于一个习惯以字母对应发音,再用字母来组成单词的西方人来说,很难理解象形文字的体系。汉字中的每一个字都是一个词或一个"标志",因此汉字也被称为是语标文字。

书写体系的强大和长久维持了中国的统一,在其后还存在着第二个特征——文化。如果说大多数社会是靠政治制度、经济、家庭或宗教组织起来的话,那么中国就是我所知道的唯一一个靠考试制度统治维持的文明。为了理解这种制度是如何产生的,我们需要把它放在一个更宏大的权力与行政背景之下。

官僚帝国

当我在研究这个非凡的复杂文明的近代发展时,我对她是何时、如何产生的感到了困惑。我知道早在秦始皇以前的至少三四千年,从黄河流域发源起,这里就已经有了了不起的文明,并在从公元前475年至公元前221年的战国时期得到了最大体现。

在这一时期,老子、孔子和孟子发扬传播了他们的哲学思想,但在战国时代的大背景下,他们的思想还只是边缘化的。他们被包围在我们称之为"封建制"的政治组织形式之中,从这种意义上来讲,类似于日本或是西方的中世纪。

在这种制度中，统治者通过把权力分派给下面的贵族来控制整个国土，每个贵族家族都有自己的封邑。他们的家族封号会传给子孙并代代相传。儒家任人唯贤的思想体系在此时尚不起作用，其提倡的忠孝仁义的和平哲学与这种封建制度并不匹配。

公元前4世纪时，战国七雄之一、以中原西部为中心的秦国开始发展出一套全新的政治制度。这很大程度上与变法者商鞅（公元前390—前338年）有关。商鞅在秦孝公时为相，是后来法家学派的代表人物之一。确切地说，这并不是一个基于法律的治国体系，而是一种"法度的统一"。

法的实施摧毁了由王公贵胄组成的封建制度，取而代之的是一种精英官僚制度。自此，国家的统治阶层向所有人开放，任人唯贤而非任人唯亲。而这也削弱了土地所有者的作用，使中国成为一个小农与中农并存，而无绅士统治阶级的国家。

巨变所产生的影响与其他诸如税制、行政、军事（使用先进武器、骑兵和更好的交通工具）方面的深刻变革相结合，使秦国的经济和军事实力都得以增长。到公元前221年，已经足够强大的秦国打败了其他六国，成为中国历史上第一个统一的帝国，正如同秦王政自己所宣称的那样，秦始皇统一了全国。

秦始皇在位的十二年里，他为中国确立了今天我们所知道的一系列标准。他将国家分为三十六个郡县，设立了覆盖整个帝国的标准化文字书写体系（这种基于象形文字的书写体系，后来被称作汉字）。他统一了度量衡和货币。他组织修建了很多道路和桥梁。他秉承了商鞅的思想，即一国之内无论贵贱，任何人都要遵守法。他赞同法家的观点，认为对一个国家而言最重要的人就是官吏和农民。而从事其他行业的人，尤其是商贾，则是低一等的，这也解释了为何中国历史上始终缺乏一个有效的中产群体。（秦始皇）对任何威胁到统治者力量的忧患后来延伸到了对宗教组织的忌惮，而这有助于解释佛教和其他宗教在中国的弱势发展轨迹。

这就是基于人伦关系与通过书面考试为政府机关选拔人才的儒家思想体系，最终得以发扬的历史环境。中国就这样成为第一个由文字、法律、官僚和教育所建设起来的伟大的官僚文明，其中只有两个群体最为重要——官僚和农民。

秦始皇可谓是目光远大。他将中原看作是一个实体并修筑长城抵御北方游牧民族的侵袭，保持国土的完整。这树立了国家在地理上的基础界线。在时间上，中国也有界的概念，帝国的建立时间被定为元年。秦始皇还下令焚书，所有私藏书籍的人都要被烙印刺字，终生为奴。

第一次统一仅仅维持了十五年，随着秦始皇的驾崩走向终结，但模式却保留了下来。在他死后几年之内，中国又在汉朝（汉人因此而得名）的统治下统一了起来，并延续了四百多年。

在汉朝，随着严苛残酷的法家思想的失宠和孔老学说的兴起，秦国变法被放大了，也成熟了。此时的中国已经完成了向一种史无前例的新的政治、文明世界的转型，形成了有助于我们理解今天中国的蓝图。

自秦汉以来，教育，即在代际之间传承基本读写技能和伦理纲常，一直是中华文明的核心。这种教育本身就有别于西方所谓的"教育"。它立足于潜心苦读经典，吸收儒家伦理体系，学习官僚朝廷的艺术——忠诚、偏见、判断和公平。门第和成功的科举制取代了旧的贵族制度。

就这样，中国成为世界上唯一由如此庞大的精英制度维系起来的文明，在这种制度下，任何人都有可能凭借智力达到高层。而不再有类似支撑日本和印欧文明的大量贵族群体。

很快，被推崇的艺术不再是打猎和搏斗，而是诗文、书法、读书、琴乐和思想。这是一种将智慧和思想放在核心地位的文明，数千年来，通过真、善、美的理念把千百万人统一在一起。书写文字成了其团结统一的象征，也是对文人志士的最高召唤。

当我们在看待中国时，一定要记住她的"原点"，即（从那一刻起）地球上的一个文明断然走向了一种全新的性质和规模——一个官僚的、中央集权的、精英主义的、标准化的统一的体系，跨越十几个世纪将数亿人团结在一起，无论他们曾受到怎样的动荡。

战争与暴力

故事十分简单，但战争和斗争在中国的历史上也并非不重要。直到公元前221年统一之前，中国还一直处于战乱和血腥的斗争之中。诸侯贵族被废除后，黩武思想或许被削弱了，但后来还是发生了不少战争，其中就包括涉及大量军事力量的三国时期（公元220—280年）。唐朝与两宋期间，内战再次减少，而来自蒙古部族的威胁仍将战火带入了中原。然而在元朝结束统治之后，明朝又再次削藩、轻武。

17世纪中叶，清朝重建统治秩序，并且镇压了国内叛乱。到了19世纪，中国遭受了频繁的入侵（包括鸦片战争）和大规模的国内战争（如太平天国运动）。20世纪是战乱的年代。如在历时14年的中国人民抗日战争中，中国伤亡人数超过3500万。

然而，尽管如此，我们仍可以说，相比于罗马帝国崩溃后欧洲的四分五裂而言，中国由内战而引起的分裂是较少的。欧洲那种带有强烈民族主义色彩的小国无法与之相提并论。此外，尽管皇帝手握大量军队，保卫国家和平定地方大部分还是由生活在战乱地区的农民家庭来完成的。作为拥有土地的回报，这些人可以在入侵和战乱时被动员起来（保卫家园）。

这一切都是规模和程度上的问题。伟大的文明大都发源于暴力。但中国远不及穷兵黩武的地步。就第二次世界大战以来，如果我们将中国与美国作比较，前者参与海外战争的规模当然要小得多。尽管中国参与了朝鲜和越南战争，但这与美国入侵越南、柬埔寨和老挝，发动伊拉克战争、阿富汗战争甚至封锁古巴是无法相提并论的。搞"政权更迭"，是美国人而不是中国人的专长。目前美国在军事上的开支比中国要大得多。2015年，美国的军事开销占GDP总量的3%，而中国则占1.2%。按美国人均1821美元和中国人均95美元来看，美国的军事开销近乎是中国的四倍。

导致如此的其中一个原因便是中国的战争策略、武器、战术都达到了很高的水平，却没有像好战的西方发展得那么快。因此1500年时中国的海军和陆军还与西欧的军事力量大致相当，3个世纪后，英国却可以与法、德、俄、日几国一同，以两次鸦片战争，用更先进的武器和军队轻易攻克这个强大的帝国。

货币与城市

由于儒学思想地位的提升，不仅战争，商贸和货币的地位也随之下降。中国人一直以来都是出色的商人，他们对金钱、市场和利润都十分敏感。他们拥有庞大而复杂的城市和极为四通八达的水陆交通。然而儒家和法家的推行却让通过经商和手工业得到的财富被视为比不上农民耕田所得要体面。

中国人和其他任何地方的人一样渴望赚钱，19世纪开始也出现了一些大型的商行（如山西和黄河三角洲一带）。但朝廷对经商盈利的态度总是有些轻蔑的。中国有句老话讲"富不过三代"，正是用来说明政治上的不确定性、家族中子女的财产分配问题和后来来自国外的商业竞争造成家族产业的不稳定。

直到近代，中国才出现了大型、独立的产业或阶级。而想要把巨大的经济收益传给下一代是很难的。因此（中国）很少有像日本、印度和西方那样的大型家族企业。大城市在法律上不具备独立性而只是行政上的设置，所以当地商人也很受政府力量的影响。

儒家文化模式

对于只熟悉西方民族小国历史的人来说，要了解整个中国的构架并不容易。一个如此庞大的国家，是如何不靠庞杂的警力和军队，不靠中产阶级和教会的支持，仅由几十万官僚统治就维持秩序的呢？这个帝国又是如何在两千年的大部分时间里维持得这样和平有序呢？

奥秘隐藏于另一个特征之中，即儒家文化模式，而且以儒家思想来看，也很容易解释。儒家伦理的核心在于人与人之间的责任与义务。它是一种基于个人与个人之间的关系，乃至社会与政治维度的二元联系上的伦理秩序。

其根本在于父母与孩子之间的联系,尤其是父与子之间的。这是儒家伦理秩序最基本的组成部分。父亲具有绝对的权威。一般来说,父亲是绝对正确的,私下对孩子具有生死予夺之权。子应忠孝、顺从,父当保护、维系。这种父子纲常是不可被破坏或挑战的,而后又有了多种形式的外延。

其一是长辈与晚辈之间的关系。所有的晚辈都应尊重、孝敬长辈。特别是对于师长,应格外尊重和服从。这适用于一个家族中的年轻者和年长者——长兄对幼弟就有管教之权;也适用于两性关系之中——女性地位低于男性,被要求尊重和服从于男人。

实际上,这意味着一个家庭变成了一个完整的社会。孩子作为经济单位的一部分,由长辈亲族来经营。子女作为祭祀单位的一部分,只有通过长辈才能与死去的祖先和其他无形的力量产生联系。子女还是政治单位的一部分——长辈即象征君主。子女显然也是社交单位中的一部分,教育、婚配和社交皆由人安排。

因此,中国很大程度上是由数以百万计的"小家"自治的,这既包括祖辈、父母、子女之间的近亲集团,也广泛到通过追溯父系祖先联系在一起的强大的宗族制度。这些祖宗在祭祀、经济、政治、社交上都是自治的单位。

孔子集先贤思想之大成,通过强调治家与治国之间的平行关系,智慧地将这种伦理纲常超出亲缘关系,应用于政治统治体系之中。皇帝就是维系这个体系的父亲。父为子纲,君为臣纲。所以皇帝不必把权力交给封建的、武装的贵族，给他们土地作为奖赏，而只需将权力下放给诸侯并在其后嗣以任何形式挑战其权威时予以支持。

高度的重农思想加之儒家的教育体系使得有才干的子弟能够通过读书平步青云，给了百姓以志向和希望。此外，这种制度又由那些在科举考试中成绩优异、成为官吏的群体来实行管理。

压力与矛盾是并存的。由于父亲的权威过盛，儿子难以接近父亲，也就难以感受父亲的慈爱。另外，虽然夫为妻纲，但妻子又与母家息息相关，妻子与丈夫之间常有看不见的博弈。除此之外，就是忠孝难两全的问题。

天子会不会有过错，这也是一个敏感的话题。是否天子做什么臣下都要服从呢？这里又有一种众所周知的说法，那就是天子的权力来自"天命"，而天命是可以收回的。常年的天灾、饥荒、战乱和疫病都是天子有违天命的结果或象征，臣民可以另事明主。如果有足够的征兆表明天子已经失去了天命，即使是忠臣或官吏也有责任站出来反对他。

法律与风俗

这种家族权力与官僚制度非同寻常的结合也产生了其他影响。其中一个结果就是庞大的法律体系变得没有必要，这种法制体系与西方有很多不同之处。为了简明扼要，我们以

《大明律》为例来看中国的法律。《大明律》颁布于明朝初年，大约是14世纪中叶。其与六百年前的唐朝律法和四百多年后的清代律法有不少重合之处。

其中有几处格外引人注目。其一，几乎整部法典都是有关刑事法条的，规定了国家（皇帝）与人民之间的关系。这是一部刑法而非民法，案例大多是关于朝堂上的国家大事。

如果我们将《大明律》与早出现一百年、篇幅十倍于它的亨利·布拉克顿（Henry de Brackton）的《英国的法律与习惯》（*On the Laws and Customs of England*）作比较，就会产生完全不同的感觉。布拉克顿的书只有一小部分是关于刑法和惩罚的，而侧重于法律程序、权利和义务、处理财产和财富的方式。

到了18世纪中叶，清朝颁布的《大清律例》不比《大明律》详尽很多，却以八卷的篇幅（超过《大明律》的四十倍）覆盖了威廉·布莱克斯通（William Blackstone）《英国法释义》（*Commentaries on the Laws of England*）中英国法律的内容。其中90%与民法和法律程序有关。

其二，《大明律》和其他法典在对犯罪严重性的评估中，是基于涉案人员的社会关系——尤其是家庭关系而定的。在《大明律》的卷首就有基于父系关系和婚姻关系的九族五服图。每一种罪名都根据关系的上下和远近来分级。

因而，比如伤害或杀害父亲或祖父，要比杀害兄弟、儿子或外祖父严重得多。这种根深蒂固的、基于社会地位的中国法律与英国个人主义的法律是完全不同的。在英国，在布拉克顿或布莱克斯通的著述中，家庭关系几乎完全被忽略。中国的这种法律与以地位为基础的罗马大陆法有很大的相似性。

其三，《大明律》中没有任何关于法定诉讼程序的指导。在英国法律文献中比比皆是的有关如何审判、怎样构成一项法律指控、什么是证据以及关于法官、律师、原告和被告的权利和义务的规定，在《大明律》中了无痕迹。

我们似乎可以这样认为，当一个人被指控犯有严重罪行时，一位法官就可以传唤讯问他（或她），如果必要，还将使用酷刑和威逼来获得某种真相。显然，其间没有陪审团，没有无罪推定，也没有个人法律权利的意识。法庭上甚至没有提及或暗示律师的存在，这又是与英国法律的一个很大的区别。

一旦被判定有罪，明朝法律中的惩罚是很残酷的。比如有五种大杖、小杖的杖刑，五种劳役，三种流放，两种死刑（绞刑和斩首）和驱逐。以劳役为例，可能包括被戴上重"枷"（用一种木制的"架子"扣住犯人的头和手）几个月或数年。还有其他一些死刑，包括"凌迟"。

这种体系看起来是由一系列非常简单的刑法来稳定社会秩序，维持家庭地位等级，保持整个帝国的和平有序的。一套与中世纪和现代英国相类似的、极其复杂的处理个人争议，特别是与财产有关的权利义务的法庭和诉讼程序，在当时是不太发达的。在我所处的世界里，每个人从出生就处于一个固定的、不平等的位置上，这个位置与长幼、性别、父母地位和与皇帝的亲疏都息息相关，这些地位等级的划分严格遵守着帝国的法典。

这种制度在中国维持了一千五百多年，直到距今两百年前才结束。此后，在体制的边缘开始出现改革。然而直到一百多年前，随着清朝的灭亡，一套新的基于日本法律的刑法体系才被引入中国。由此，刑事案件中家族的株连责任得以消除，肉刑与奴役被废止，酷刑也被禁用。

我曾经在中国拜访过一个中级人民法院，其在程序、审理和规则方面与西方同类法院相比都是相当好的。在与许多中国律师的探讨中，我清晰地发现，至少在理论上，一系列庞大的改革已经被引进，所有的诉讼当事人都被平等对待，包括法律与政治分离在内的"法治"正在被宣扬。法官、律师、代理律师、诉讼律师等大量专业的法律工作者正在接受培训。

不过，不愿把案件诉诸法庭的情况仍然存在。我们拜访过一处西南某省省会附近的"模范村"，在办事大楼里有一间标有"警察"的房间。当我们走进去后，发现那里只有一张大桌子和几把椅子。我们被告知如果有邻里或家庭争执，警察才会被叫来。而警察的目的是把争议中的所有人都带来，并设法让他们通过调解达成解决分歧的协议。

社会结构与职业

我们能在西方找到的大多数职业群体在历史上的中国都不具备，法律工作者只是其中的一部分。我们可以看到，在过去的两千年里，这里没有武士贵族，缺少专业的律师群体，也少有大商人和实业家。其他的专业群体也没有发展或发展缓慢。比如，尽管有大量的学校和老师，有繁荣的学院，却直到19世纪末才发展出独立的高等级大学，因此也没有西方的那种学术专业。

其他的诸多职业，印欧和盎格鲁地区文化和教育的主要支柱、宗教秩序，也很弱势。随着佛教的传入，僧侣运动曾不时兴起，但在8世纪到10世纪期间遭打击后也再没有独立发展起来。虽有很多道士隐居于偏远山林中修行，也不是全职的宗教人员。儒家则派生了学者，也非神职人员。

综上所述，中国呈现出的概况虽然庞大但很简单。与印度、日本和西方的四重阶级结构不同，中国历史上呈现出的只有两个阶级，即小统治集团加官吏，以及由工人、商人和广大农民组成的大众群体。进入官僚阶级的唯一阶梯就是教育。

结构文明

中国文化的本质在于所谓的"结构主义"。也就是说一

切事物的意义——人、自然、艺术、生命——都不在于个体，而在于关系，以及这些关系之间的关系。

一个典型的体现便是阴阳的符号，一对各自独立又相互依存的存在，彼此还包含了另一个的种子。日与月、天与地、男人与女人、白昼与黑夜、君与臣、父与子、丈夫与妻子、黑与白，这种二元对立是没有止境的，任何一个单一的实体只有在一对对比关系中才有意义。

这不仅意味着A与B是相联系的，而且当我们有A或B时，是A与B之间的联系或矛盾结构将整个系统连接在了一起。每一对（矛盾）又在更广泛的关系中获得意义——男人于女人而言，就如白昼于黑夜、君于臣、父对子、天对地。

这一对对之间是如何相互联系、相互增益的，取决于中华文明的强大与关系的持久性。挑战父权就是要挑战一切，挑战男女关系则是要颠覆一切。这种相互联系的系统是一个整体，集所有的权力、财富、社会和信仰的力量为一体。

我原以为这种与西方思想如此格格不入的结构特征主要是儒家思想的结果，以强调人与人之间的关系而非人本身的伦理体系。显然这只是一部分原因，相对地，这也与中国家族制度的力量有关，这种延续了几千年的家族关系把一个人变成了集体中的一个部分，而非一个独立的个体。

然而最近，我发现此间的原因其实更为深远，源于古代哲学，同时又融入了中国佛教。这种特征尽管只是学术上的，仍需把握并从更深层解释。

第一章 四种文明

2017年，彼得·赫索克（Peter Hershock）在他的一篇关于"禅宗"的文章中解释了这一特征，具体如下：

> 所有佛教传统的共同点都是关于轮回和因果报应的教义……为了阐明这一点的意义，法藏法师用一种传统木构架建筑做了隐喻，这种木构架建筑不靠钉扣便把重力应力分散到各个构件上[①]。去掉陶土瓦顶后，巨大的重量使房屋重心不稳，最终房子便会坍塌。但屋顶的瓦是放在檩条上面的，檩条又是垂直置于椽子上，椽子搭在梁上，梁的两端交接柱子，柱子落在独立的柱础上。拆除屋顶的瓦便会导致整个建筑的坍塌，因此也可以说这些瓦就是建筑作为一个整体的因。但这种说法也适用于建筑的其他构件。同样地，这世上每一个特定的事物（事）都同时由所有事物整体的动态模式（理）引起和被引起。任何一事都最终相对于其他事物才存在。

这种看待世界的方式对于西方传统观念来说十分陌生，但理解起来却至关重要。中国正展现出一种非凡的能力，它有如此广阔多样的领土，将数亿人民聚集在一起，这在世界

[①] *Huayan wujiao zhang, in Taishō shinshō daizūkyu*, Vol. 45, no. 1866.

历史上是无与伦比的。

所有百姓都有着近乎一致的观念，除了一些少数民族以外，然而他们还是会被部分吸收，最终同化。"汉"文化的模式成了"自然"的模式，当人们都通过一种象形文字联系在一起，用共同的汉语交流时，这个整体就成了一个庞大而紧密的"存在链"。

这种链条是具有弹性的。有一件事一直让我感到惊讶，那就是中国在不断变化的同时又保持着不变。举例而言，据观察，中国的法律法规在汉唐到明清的至少两千年里，其本质都是基本一致的。

基础的哲学思想也是如此。两千五百年前的儒家戒律与今天的仍能互相关联、产生共鸣。时尚、音乐、绘画、服饰亦如此，当然还有古代汉语，一个受过教育的中国人仍然可以阅读两千年前的文字。

如果中国像日本和英国那样是一个自给自足的岛屿，能够吸收和抵御外来侵略者且无大规模的内战，那么其不变的本质就更容易理解。然而她是如此幅员辽阔的国家，其边疆不可能永远固守，尤其是面对强大的游牧民族时。仅在过去的一千年里，她就遭受了足以毁灭任何骨架坚固但更简单的文明之基础的四次入侵。

13世纪时，蒙古人入主中原，他们一路洗劫、抢夺、摧毁了大量城市，屠杀了可能超过四分之一的人口。然而，元朝只持续了不到一百年。它吸收、使用并改革了一系列中原地区早期的行政制度。之后在17世纪，又一支部落——满族入主中原。他们吸收并掌管了天命，通过官僚制度实施统治。清朝利用现存的社会结构，在帝国崩溃之前维持统治几个世纪。

帝国崩塌的部分原因是来自外部的重大打击，这次的来自西方，特别是19世纪中叶英国发起的鸦片战争。这削弱了一个已经被环境问题所困扰的中国。然而，尽管帝国在1912年垮台，共和国已经形成并开始认真吸收西方的思想和技术，中国仍然是中国。

最后的巨大打击来自外部。日本侵华战争又一次让数千万人丧命。

从改革开放以来，我们可以看到，如今的中国再次重拾了往日雄风，日渐强大起来。

"中国是如何形成的"

中国还有许多其他显著的特点。其一就是她形成的方式。我们今天所说的"中国"发源于一万年前的黄河流域。到了公元前2世纪，这些文明传播并融合成了第一个完整的帝国。从那以后，中国便不断地向外推进直到今天的版图面貌。然而中国并不是近代欧洲那样的帝国。她更像是罗马帝国，在陆地上扩张而非海上。人们到新的土地上定居，与当地人通婚融合。

中国人之所以称自己的国家为"中国"，就像太阳有行星环绕一样，虽然不会完全融为一体，却自恃着中心的优越性。韩国、越南、缅甸、有时还有日本都在中国的引力作用下盘旋。在草原的边界上，中原地区则通过构筑要塞、财物给予和贸易往来等一系列手段防范游牧民族的入侵。因此中国从来不是一个海上帝国，尽管有证据表明到非洲和中东的远航在早期就已经可以完成。中国有着广阔而复杂的水路网络和庞大的国内贸易，到17世纪其规模已经超过了世界其他地区贸易的总和。这或许是中国人没有发展远航冒险的原因。

尽管也常有人进入邻国，但除了中国西部地区外，这些移民从未导致周边小国的永久合并，如韩国、越南、泰国、缅甸和尼泊尔。这一模式一直延续到今天，海外华人仍在为非洲、南美、巴基斯坦和许多其他地方注入活力。与葡萄牙、西班牙和法国不同，中国没有传播福音的教派。与大英帝国以法律和政治制度作为贸易基础的做法也不同，中国不会在与之接触和进行贸易的地方建立起自己的法度和习俗。

另一个发展特征来自地理和人口的交叉。中国南方在早期选择了耕种水稻，结合以小规模的手工劳动和贸易。人口变得稠密的同时，和其他地区的稻米（种植）一样，这种耕种方法意味着劳动力的低廉，人们须得极其辛劳地工作。

节俭、勤劳和从第二份工作中赚一些小钱的渴望成了几千年来中华文明的特征。在今天的世界各地，所有这一切，连同他们辛勤、有组织的相互协作一起，都在其巨大的经济繁荣和成功的背后发挥着作用。他们期望自己的孩子能在新形式的经济活动中努力工作取得成功，因而这些孩子也很优秀。他们对饥荒和动荡的世界有着深刻的记忆：在那个不太平的世界里，弱者和穷人就如同生活在水中，鼻子刚刚能露出水面，很容易就被不时的灾祸淹没。

中国人拥有马克斯·韦伯（Max Weber）[①]所认为的"清教徒"伦理的大部分品质：节俭、诚实、不懈工作和理性。

信仰、仪式和伦理

对一个西方人来说，中国最难理解的特征之一就是虽然仪式具有普遍性，但没有类似西方的宗教和一神论。我们认为"宗教"是由各个部分绑在一起形成的一种组织——造物主，教条，一套关于天堂、地狱、罪恶、救赎和伦理准则的信仰和一系列的仪式，通过这些我们方能触及和影响精神的力量。如果这么一整套才是我们所谓的"宗教"，那么中国三大哲学中的任意一个，或是三个加起来，也构不成一个独立自治的"宗教"领域。

[①] 马克斯·韦伯（1864—1920），德国社会学家、政治学家、经济学家、哲学家。是古典社会学理论和公共行政学最重要的创始人之一，被后世称为"组织理论之父"。——译者注

儒家思想提供了一些伦理和社会仪式，但没有关于精神世界的神或者教条；道教具备仪式，但没有提出伦理和上帝；佛教有一些仪式、伦理和教条，但没有造物主。

另一种讨论的方式是，像"宗教"这样的现象应该通过设置一组可能的特征来理解，然后看看其中大部分（如果不是全部）是否存在。如果我们这样讨论的话，不仅包括上面提到的那些，还包括诸如是否事鬼神、崇拜祖先、有圣地或圣人、有奉为神圣的经典。这样看来，那么中国人（的宗教）与我们在西方所体察到的"宗教"就有着"家族相似性"。

凡是到过香格里拉或少数民族地区，或是去过中国那些漆红描金的孔庙与佛寺的游客，都会产生一种"别样"的感觉。我们会感到有些事物超脱了世俗的生活，人们意识到有超越人类个体而更庞大的存在，一种类似于电的力量贯穿着一切，因此需要风水先生来算定吉日和朝向。

所以我们可以这样认为，即使在我们认识到少数民族地区和现在许多基督教徒中真正宗教情感的存在之前，中国也有许多元素是与西方宗教的某些方面大致相似的。

除了佛教在唐朝传播的一个短暂时期外，中国宗教所没有的是一种占主导地位的福音、布道、一神论的教义和大量的神职人员。与西方不同，宗教在中国的教育中起到的作用很小，不像婆罗门教和其他地方的神职人员一样形成了一种独立的秩序。

中国没有宗教法庭，除了社会伦理之外，宗教没有在经济或政治中成为一股独立的力量。皇帝是天命的代表，受到父亲或丈夫那样的尊敬，但皇帝不是神。

西方人惊讶于中国人是如何这般世俗而理性且一直如此的。对于西方人包括日本人来说，犹太教、基督教或伊斯兰教在西方思想中留下的巨大影响在人们的哲学、社会生活，甚至经济和政治中都是不同寻常的。在中国人看来，我们西方人很迷信，无处不谈上帝。这并不奇怪，即使是现在，宗教这个词也用来强调尊崇和遵守祖先的规则。对于许多生活在原教旨主义冲突的西方世界、宗教战争和传教士事业背景下的继承者来说，这一切似乎都令人耳目一新，但它在很多领域都对中国产生了广泛的影响。

中国哲学的核心

解开哲学和宗教体系变化的关键蕴含于哲学家卡尔·雅斯贝尔斯（Karl Jaspers）[①]的观点中。在研究了从中国到欧洲的许多伟大古典思想家的哲学后，他指出他们都是所谓"轴心时代"的伟大运动中的一部分。他认为，大约在两千五百年前，欧亚大陆上所有伟大的文明都经历了一场奇怪的平行"轴上转动"。

这是一个可以大大帮助我们理解的观点。其本质是从部

[①] 卡尔·雅斯贝尔斯（1883—1969），德国哲学家，现代存在主义哲学的主要奠基人之一。"生存哲学"是雅斯贝尔斯的主要哲学思想。——译者注

落时代的脱离，在那时，内在的"精神"和无形的力量与这个物质世界、与我们周遭的一切深深交融在一起，这是我曾作为人类学家在喜马拉雅的村落花了数月时间所了解到的那种有灵论的萨满世界。

在那样一个世界里，有巫师可以让你与人类、动物、山石和树木相沟通。萨满会进入另一种意识状态，进入一个平行世界，再回来告诉人们他们的所见所闻。那种世界从上古时代就存在。那时没有特别的关于"天堂"的独立想法，没有我们用来衡量自身生活的一系列理念。

雅斯贝尔斯认为，在大约四百年（约公元前800年至前400年）的时间里，一些伟大的思想家提出了一个全新的哲学体系。中国的老子、孔子、孟子，印度的佛陀及古印度经文，西亚伟大的旧约先知和希腊的伟大哲学家都取得了突破。

他们都提出物质世界是存在的，而在别处也有着同样真实的"理想"秩序，我们需要调解人、哲学家和宗教专家来沟通这两个世界。在任何情况下，教条和信仰都应书写在经文中，我们应保存和理解这些文字。

在研究了儒、释、道的哲学思想后，雅斯贝尔斯认为，拥有三种轴心时代哲学的中国，是轴向转变的一部分："轴心民族包括中国人、印度人、伊朗人、犹太人和希腊人。"另外，马克斯·韦伯在其《中国的宗教》（*Religion of China*）一书中提出——中国基本上并不属于轴心，尽管他没有使用这一术语。在他所描述的世界中,孔子并不关心世俗世界与天堂之间的关系,而是道教创造了一个中国人没有走出的神奇而迷人的世界。

这里似乎有一处困难或者说矛盾。也许答案是中国既是轴心的,同时也是非轴心的。这或许是因为当儒家和佛教这两大轴心哲学发生冲突,佛教也必须适应这套非常强大的已有的非轴心信仰——道教和祖先崇拜时,其影响与我们预期的不同。

每种哲学思想都是相互对抗的,而不是重新归附于轴心,使彼此更趋向于轴心,因此,儒学和佛教的轴心性在新的融合中减弱了,并进一步被道教削弱,正如一位中国皇帝所说的三足鼎的第三条腿。所以中国或许会被称为是"轴心"的,作为向轴心时代发展的四者之一,后来被宗族制度削弱了其轴心性。事实上,儒学本身(孔子"敬鬼神而远之",更入世)也增强了中国的特殊地位。

随着佛教在中国的发展,它融入了道教的万物有灵世界。在这种极端的形式下,它不再威胁到这个国家,并吸收了大量道家的内容,对儒学也不构成威胁。佛教在许多方面与西方清教类似,是一个简单的、禁欲的、内向的、私人的系统,通过内在的净化和冥想,经由信仰而不是工作来救赎。然而,与基督教不同的是,佛教没有上帝。这种差异将对中国发展的许多方面产生深远影响,包括中国可靠的知识或科学的进步。

中国的科学和技术

研究中国科技与文明的伟大学者李约瑟（Joseph Needham），在晚年用一系列大篇幅的著作记录了中国科技的高超与早熟。到14世纪时，中国人已发明创造出了世界上大多数重要的技术——机械钟、织布机、火药、指南针、印刷术、瓷器、丝绸纺织、茶树栽培、复杂灌溉系统、靠内部空气装置漂浮的巨轮以及基于成绩的伟大教育制度。

如果说有什么地方可能闯入一个工业化、科学的或类似的世界的话，回顾13世纪马可·波罗拜访当时世界上最大的城市杭州时，那个地方应该就是中国。

然而，中国不仅没有以这种方式发展，达到英国历史学家伊懋可（Mark Elvin）①提出的"高水平均衡陷阱"，而且至少相对来说变得更弱了。如此到了19世纪，世界上最富有、最古老的文明竟受了英国之辱。尤其令人吃惊的是，即使到19世纪中叶，世界上的大部分财富仍在中国。

为什么会变成这样？有许多理论为此争论不休。而正如我们所看到的，任何解释都必须认识到，这个同样适用于12世纪以前伊斯兰文明的辉煌的问题，或许需要以不同的方式

---

① 伊懋可（1938— ），英国当代著名历史学家，主要研究中国经济史、文化史和环境史。20世纪70年代提出的"高水平陷阱"假说认为，由于中国历史上的农业实践把传统技术和生产要素组合到尽善尽美的程度，以致维持了一个与欧洲早期历史相比更高的生存水平，从而人口增长很快，相应导致劳动力过多和过于廉价，使得劳动节约型的技术不能得到应用。——译者注

提出。因为，正如亚当·斯密所指出的，就像所有停滞了的伟大的地中海国家一样，中国达到了一个上限是正常的。向新工业世界的转变最终只发生在世界的一小部分地区。

正如我们可以从牛顿、爱因斯坦或更早的罗杰·培根（Roger Bacon）[①]、伽利略的人生中所看到的那样，生命表象背后自然规律的艰苦追求，其基础在于对恒定的原理、反复出现的现象会被发现的信念。人们相信可以从更深的层次理解这个宇宙。造物主就是那个伟大的钟表匠，他启动了这台机器，让世界按照他的法则运行。他鼓励着他所创造的人类通过系统的调查去发掘这个世界是怎样运行的。

科学家就像一个通过假设法来探索世界运行法则的孩子，假设"它可能很热"，然后进行实验，轻轻地触碰那个物体，就这样在推测、反驳、证实和验证的基础上前行。他们进行反复实验，如果自然及其更深层的规则是恒定的话，那么这些实验就具有可重复性，就值得做。而没有一种中国的主要哲学思想给予了这种为不变规律所做的试验以动力。

尽管儒家是对"道"的求索，但他们对探寻这些规律并不感兴趣。儒家主要关心的是社会和政治的伦理，而对现实的、低下的、经济的世界不重视。像道家，他们生活在一个充满无法解释却轻微可控的力量的世界。他们认为除了在表

[①] 罗杰·培根（约1214—1293），英国具有唯物主义倾向的哲学家和自然科学家。——编者注

面上理解一些关系和符号以外，试图系统化研究是没有意义的。

佛门弟子对此般努力更不感兴趣，因为他们认为我们所经历的世界终究是一场虚空，是"摩耶"。当我们真正彻悟之时，我们周遭的一切和看起来"真实"的东西都会消失。所以试图去理解或改变这些身外的幻影并没有什么意义。我们的目的是要打破这些虚幻。

此外，中国是一个完整的世界，继承了上古诸神、孔子、老子、孟子和佛陀的大智慧。他们已经列出了人们需要知道的一切。人们必须要保留，最多是略微拓宽他们眼中的世界。

直到16世纪才在欧洲出现了一门进步的科学。它是一种通过实践创造具体的知识并将技术快速变革，20世纪应用到物质世界里的实验性的、系统的科学。它将文明与其他事物区分开来。

中国的当下和未来

目前还很难看出情势如何。由于近三十年来经济、技术、社会、政治、文化上发生的令人称奇的变化，这一系列史无前例的迅速而巨大的变革，特别是在这样一种短暂而和平的方式下，情势出现了很多不确定性。很难辨别其深层结构是否或发生了怎样的改变。

我的猜测是，当一百年后的历史学家回顾这段历史时，正如同我们回顾鸦片战争一样，他们会这样推断，虽然表面和某些因素可能发生了巨变，但其基本关系和结构仍然存在。

我问过我年轻的中国朋友这个问题，他们的生活和生活方式每天都在变化，以至于他们告诉我他们甚至不能理解比自己年轻或年长两三岁的人。我感觉到，尽管他们以为与父母有很大不同，尤其是他们中的一些人在国外受过教育，但随着年龄的增长，特别是回国后，他们很快便会回到之前的生活模式。他们与其他中国人彼此喜爱，彼此相连，仿佛一体。

我相信中国仍会是从前那个中国的一个原因是其庞大的人口。她就像是一艘远洋巨轮，饱经狂风和巨浪却一往无前。当前中国大部分的努力是在整合外部的有用因素，同时加强对极有价值的古老语言、艺术、文化以及社会传统的遗产复兴的关注。

中国可以说是领头者。其古老而伟大的艺术、文化、技术和财富直到19世纪初都是无与伦比的。她没有许多世界其他地方那些丑化的特征。通常来说，中国是爱好和平的，没有西方文明那么好战。哲学为其和谐的社会关系做出了保障。她具有高度的文化修养和对知识的尊重。无论过去还是现在，中国人民都是勤劳、宽容、理性、智慧而幽默的。在很多方面，中国不仅是历史最悠久、最广阔的文明，也是最值得尊敬的文明。

缺乏宗教原教旨主义，却努力适应本土的生态和环境，在一个常有苦难的世界里为十四亿人谋生的中国，为我们所有人创造了一个榜样。既然我们正面临着中国世纪的到来，中国的食物、文化和人口正广泛地传播开来，她就为其他地区的各种侵略性原教旨主义提供了另一种选择。然而我们要想从中收获经验，就需要理解她。

我以一个心怀同情的局外人身份看待中国，人们也常常问我中国的未来会怎样。有一些事情看起来是很可能会发生的；而人在试图预言一件事时只能给出其可能性。

第一件看起来很确定的事就是中国将继续存在。她曾历经无数攻击都得以恢复。目前的问题——巨大的财富增长与再分配以及科学、技术、教育问题和其他变革——尽管看上去足以毁坏一个文明，却正在被解决。

中国在一代人的时间里经历了工业化和城市化的巨大变革，而英国却用了三代人的时间才完成了这一变化。然而就其发展的速度和规模而言，中国的变革造成的问题相较其庞大的人口来说要少得多。与日本和英国的工业革命比起来，中国的速度更快且人口影响力是二者总和的十倍。

如果中国能以这种方式应对工业化和城市化而不崩溃，其未来的发展也将十分光明。中国已经抚平了脱离农业世界的巨大创伤，尽管目前还面临着其他一些问题，但正在平静的水面上航行。基于我上文所述的结构凝聚力，中国是极为坚韧和高效的。她将继续存在并更强大。我的猜测是，中国还只发挥了一小部分潜力，三十年后，她将（再次）成为地球上最重要的经济和文明体——触及和影响世界各地人民的生活。

这就是中国不同于西班牙、法国、英国、美国文明的地方，她不会试图去让其他人都顺从自己——无论是基督教、资本主义人权还是西方式的民主。中国不相信，也从未相信，可以用枪和剑来强制改变其他国家的文化。

第二节　日本文化圈

我与日本的渊源始于偶然。1990年初，英国文化委员会邀请我去日本访学。委员会希望派遣一名英国学者，在日本待上一两个月，做几场讲座，建立一些联系。我了解到，官方的邀请来自北海道大学法学院的中村健一教授。他邀请我是因为其妻子敏子对我写过的一本关于英国爱情与婚姻的书甚感兴趣。我曾读过关于日本北方阿伊努人（日本北海道原住民）的书，也对他们感到好奇，想去日本看看。除此之外，我还经常在文献中读到关于英国和日本文化相似性比较的观点。因此，我接受了这份邀请。在初次日本行之前，我对这个国家知之甚少。我以为它不过是一个微缩版的中国。因为在日本的大部分历史中，它与中国使用同一种语言、有着相似的艺术和美学、运行相似的家庭制度、信奉相似的宗教（佛教和儒家）、相似的农业和饮食（大米及茶），建筑也颇为相同，且都实行帝制。二者只是在近代才区分开来，中国成了社会主义国家，日本则发展成资本主义社会。

当时的日本已经是一个超现代、非常高效的国家，有一亿多人口。在我第一次访问时，日本是世界第二大经济体、已经发展了两代人之久的工业国家。远观，日本似乎是一个现代资本主义科学社会的缩影，这个国家拥有超大体量的大城市、勤劳的工人、高效的交通系统、尖端的工艺美术品，以其工程学和电子学而闻名世界。

若要我列出对日本最初印象的正负对比，大概如下文所述：正面包括美丽的艺术和工艺、精巧奇的器物、考究的寺庙和花园、武士道荣辱文化、茶道与伦理，以及包括相扑和歌舞伎表演在内的有趣游戏和艺术。负面包括日本军队在第二次世界大战中的暴行、暴力型自杀、有组织犯罪和黑帮、过度从众、污染和城市衰败、色情等。

这就是我在48岁与我的妻子莎拉初访日本时，对这个国家的错乱印象。第一次日本之行很精彩，让我意犹未尽。因此，在之后的二十年里，我们每两至三年便访问日本一次，一共到访过八次，包括在东京大学任教的三个月。我们与几位日本人成了好朋友，特别是敏子和中村健一，他们是我的领路人，使我得以在日本复杂多样的社会文化中研究探索。2007年，我出版了《日本镜中行》（*Japan Through the Looking Glass*），在过去十五年中，我和我的日本朋友都在努力了解彼此的文化，可以说这本书的研究成果是他们与我共同得来的。

语言与美学

日本的确有许多特性源于中国。然而，正如我们所见，日本人每一次"借鉴"别国，都会对其进行改造和颠覆。因此，任何一个来自他国的特定文化影像，漂洋过海抵达日本，都会被过滤，并发生根本性的变化。

乍一看，日本语作为一门语言，使用了成千上万个来自中国的汉字，每个日本儿童在上学时期都要花上一大半时间来学习这些文字，它们看起来与汉语别无二致，是象形和语标文字。不过，我们发现，为了修正使汉字变为己用，日本人增加了片假名和平假名，并根据日本的思想对字符进行更深层次的修改，增加语法、句法、语义，使之成为与汉语完全不同的语言。

汉语语法几乎可以与英语互换。关于日语的起源尚无定论，它与英语或其他任何一种语言都完全不同。许多人认为，日语过于灵活，不精确，不常使用人称代词，语序奇特，缺少明确描述正或负的词语，很多词语有多重含义，因此很难确切地去描述任何事物。确实如此，正如日本谚语所说，"语言是沟通的障碍"。我在与日本朋友交往时也体会到了这一点。他们帮我把某段日语翻译成英文时常常非常困难,而我的中国朋友在翻译中文时就没有这么多麻烦。从本质上讲,汉语和日语的差距就像英语和印地语那样远。

我对日本的第二印象,是其美学与中国有着或多或少的相似之处。第一次前往京都时,我并没有觉得这座城市中的庙宇和神社与一座中国的古城有很大区别。日本和中国的古建筑都运用了大量红色和金色,神社、建筑和庭院的形态也很相似,甚至花园中的岩石和树木也没有太多不同。

然而,如果深入研究,就会发现这两个国家的巨大差异。简单地说,中国人喜欢规整和对称,喜欢二、四、八这类双数,讲究成双成对。① 类似于古希腊和罗马,紫禁城的典型特征是对称性,在等分的平衡和谐中产生美。

在日本则恰恰相反。这种平衡、对称、和谐令人感到压抑和无聊。正是不平衡的特征才会产生张力,日本人喜欢三和九,茶杯也要五个一套,而不是六个,这样的"缺陷"能使大脑得到休息,留下一些拓展空间。日本人认为,事物应该保持粗犷、隐晦、未经修饰的状态,就像蜿蜒的小径、质朴的茶室、未完全烧制却极其珍贵的茶碗。这是一个充满阴影和神秘的世界。从一个拙朴、暗沉的日本茶碗和一个精致、光滑的小巧中国茶杯之间,便可总结出两国文化的差异。

日本与中国的表面现象和现实整体关系也不同。日本是

---

① 汉语里"九"则表示"多""极",因而常被用于代指身份地位尊贵。——编者注

一个小型化的国家——小型的树木（盆景）、微型花园、微型雕刻（根付①）、动作微小的手势。上述每一项都代表了日本人脑海中的思想在现实中被放大后的样子。大道至简，日本人希望将事物做得尽可能小而优雅，减至最基础的构成元素。他们认为，一花一石都可以代表整个世界。在中国也有类似的情况，但一般情况下，事物的规模要大得多，而且更直接。花园中的假山和建筑都更大，通常是实物比例，不像日本那样迷你。中国的古老戏曲昆曲，也不像日本的能剧那么含蓄晦涩。在中国很难看到日本那样浓缩简练的事物形态，也少有直接等同于极简诗歌形式的俳句。

种　族

种族是另一个误导我们相信中国和日本非常相似的因素——虽然他们同属蒙古人种，但实际上有巨大差异。大部分中国人都是中土汉族和汉化后的内陆少数民族通婚的后裔。因此中国人的种族构成是相对丰富而统一的。一些有关日本人DNA文化的研究表明，日本人至少由四个主要且差异很大的族群构成。其中包括一支原住民种族——一个名为阿伊努的高加索人种，如今只在北海道还有少数"纯种"阿伊努居住。日本北部地区长久以来被大量来自朝鲜半岛和西

---

① 根付：古代日本人用来悬挂随身物品的卡子，始于17世纪。——译者注

伯利亚边境阿尔泰山脉的居民占据着。

在日本的中部，占据主导地位的种族很有可能来自临近的大陆中国。南部的九州以及下方狭长链状的岛屿上的居民则主要是来自遥远南方的太平洋岛屿的移民，与菲律宾、马来西亚有着更多亲缘。因此，当你挤上日本的地铁，会发现人们的脸孔、脸型和肤色差异非常大，比中国人之间的差异大多了。

物质文化

另一个能看出日中两国相似性的领域是饮食。直到近代，这两个国家居民的饮食都以素食为主。虽然中国人也会吃些鸭肉和猪肉，以米饭为主食，但两国的烹饪方法不同，外界一般认为中国的米饭通常蒸得比较干，日本的米饭则比较黏。

烹饪和调味的方法也不尽相同。俗话说，日本的食物是"用眼睛品尝"，因为通常摆盘都非常精美。但如果在黑暗之中品尝日本的食物，会觉得口味比较淡。中国料理要用胃来品尝，即使在昏暗的光线中也食之有味。中国越靠西南，料理的口味越辛辣。饮料也有相同和不同之处。不论是日本还是中国，传统文化中人们都没有大量饮酒的习惯。日本的清酒与中国的米酒也不太相同。

说到茶，同样是两个民族最重要的饮品之一，也有诸多相似和不同点。两国人都喜欢喝绿茶，但粉末状的抹茶在中国并不常见，而在中国更为流行的红茶在日本也没有那么受欢迎。日本的茶道源于中国唐代的茶道，很好地传承了古代中国的茶艺，也发展创新出不同的工序。因此，今天中国的茶道相对简单、高效，一般将热水倾倒在微型的茶杯和茶壶上，浸润茶器，再沏茶饮用。在日本，专门的茶室将一切料理得周全细致，还有负责沏茶的女茶师，时间长短不一的茶道表演有时能持续上数个小时，将礼仪演绎到极致。想要成为一名茶艺大师，需要终其一生去学习和练习。

同样的，日本和中国的传统住房乍一看会让外人觉得很相似——以简单的材料建造房屋，几乎不使用石头，大量使用竹子，没有地基，使用纸窗，有优雅的厕所。但实际上中国的乡村住房和日本的感觉完全不同。中国的房屋坚固而实用。大多数中国传统房屋比日本的坚固，尤其是在寒冷的北方。中国北方的房屋有可以加热的床（炕）和很大的油锅（灶台），这种感觉与"纸灯笼"似的日本房屋很不一样。日本直到近代，才建造了帐篷形态的房屋来应对频繁的地震。

日本人的家里通常有一些"神圣"的地方：铺盖着榻榻米的房间里可能会放置一个小型佛龛和一处挂着卷轴的壁凹（凹间）。在厨房以外的其他房间都必须脱掉鞋子。传统的中国房屋也曾设有灵位、佛龛等，但脱鞋并不是必要的习俗。另一个根本的区别是，日本人习惯坐卧在地板或榻榻米上，中国人则习惯使用桌椅和床，至少在近一千年里是这样。

服装方面也有显著差别。大多数日本人的服装在过去非常相似，男和女几乎都穿着相似的简单棉布衣。他们穿草鞋或木屐，脚不能着地。在20世纪前有关中国人的肖像和记载中，能看到许多人赤脚行走，许多富人使用丝绸。当然，另外一个差别是近五百年来中国女性普遍实行缠足，这一习俗却从未流传到日本。

在物质世界，我们还能继续找到不少日本和中国的重叠点，也有很多巨大的差异——在中国很少见到日本的独轮手推车和其他类型的轮车，跟中国相比日本则较少见到猪和鸭。即使疾病类型也不同，中国人在历史上一次次遭受重大疾病的折磨，尤其是鼠疫。日本人则几乎没有经历过天花和霍乱以外的所有地方病和流行病。

权力与管理

由岛屿组成的日本和由大片陆地组成的中国在地理上的巨大差异显而易见。然而当讨论到社会、哲学和政治时，真正根本的差异才显露出来。

乍一看，历史上日本和中国的政治和行政体制似乎非常相近。毕竟两国都实行帝制，皇帝居住在"紫禁城"那样的皇宫中。此外，7世纪至9世纪（奈良和平安时代）的日本政府明确仿效了唐朝的制度，日本流传至今的宫廷音乐（雅乐）也来源于唐朝，而这种音乐在中国已经式微了。

再者，一般认为两国政治管理模式背后的哲学都是儒家思想，即效忠于上级，无论是家族还是皇帝。同样，政府和家族制度的权力之大，使得我们在中国和日本的大部分历史中都几乎无法找到法律机构、律师、法院、法律培训机构、完善的民法典等。

然而，在我们仔细观察之后就会发现，表面上的相似性基本上都消失了。使两国产生如此巨大区别的原因在于，日本在镰仓时代（12世纪）摒弃了大部分受中国影响形成的制度，建立了一套不同的中央集权封建制度，与当时的英国政治制度非常相似。另外，当时中国的文人官僚制度也已经延续了一千多年。

日本人通过契约、领主制、权责下放的制度来统治国家。天皇至上，往下有大名、武士、农民。在日本封建制度的链条中，不同阶层日本人所拥有的土地都来自他们的上级，作为回馈，他们要为上级提供服务、效忠他们，或交付一些租金。这一制度曾经出现在三千多年前的中国周朝。约两千年前，这套制度被基于考试选拔的科举制所代替。日本的武士贵族统治和中国的文人官僚制度形成了鲜明的对比。

这种巨大的差异也反映在体制中心的权力划分上。中国政治制度的权力顶峰是帝王，所有的权力都集中在这个顶点。在日本，千年来，权力都由居住在镰仓或东京的军事统治者幕府将军和京都的象征性统治者天皇分割。这种分裂让人想起了英国的君主政体和议会，在许多个世纪里，这一制度保持着象征性首脑和行政部门之间的平衡。这种权力制衡和有效的对立，是潜在的开放性来源。这与中国大一统的制度非常不同。

当我们去研究支撑这些体系的哲学时，两国表面的相似性再一次消失了。日本人采纳了儒家思想中的政治上效忠上级（不论是大名还是武士）、家庭里效忠父亲的理念。但他们改变了儒学的核心宗旨。在中国，如果父亲和皇帝不睦，要在服从父亲或皇帝之间做出选择，以父亲为先。在日本，情况相反，一个人必须首先效忠政治权力。如果二者发生冲突，你需要先杀死你的父亲而不是皇帝。

这看似区别不大，因为在现实中很少有人会面临这样的抉择。然而，这是一个根源上的转变。这里的政治体系基于非血缘性契约关系，且高于由血缘关系决定的"地位"。这是从"地位"向"契约"过渡的一个基本特征，是亨利·梅因（Henry Maine）[①]所称的"进步社会"，同时削弱了血缘宗族关系。

[①] 亨利·梅因（1822—1888），19世纪英国著名法律史学家。梅因在其著作《古代法》（*Ancient Law*）中提出"所有进步社会的运动，到此处为止，是一个从身份到契约的运动"的关键所在。这也导致了"政治脱域"（disembedding of politics）。——译者注

家庭制度

许多观察家认为中国和日本的家庭制度大致相同。毕竟两者都有宗族，亲戚众多。我们知道，对于日本和中国人来说，大家庭非常重要，且有包办婚姻的习俗，子女非常依赖他们的父母，且在情感上与父母关系密切。

这一表象之下，各方面的差别仍是巨大的。在对亲戚的看法和称呼上，日本和中国刚好相反。中国人区分男女血统，追溯自己的祖先，并使用专门基于男性血统的亲属称谓方式。日本人既通过男性也通过女性来追溯他们的祖先，因此他们没有划分出有界的亲戚群体。日本的亲属关系术语始于个体，从而形成父母和兄弟姐妹、叔叔和阿姨、表兄弟姐妹、侄子和侄女的关系环，这一点与英国相同，却与中国完全不同。

另一个重要特征是继承。在这点上，两者近乎对立。在中国，所有孩子出生起就自动拥有了家庭的财产，女儿将会得到嫁妆，儿子们共享土地和住房。这是一种可分割的、多重继承人的继承制度，父母实际上是这份共有财产的受托人。在这一制度之下，几乎不可能剥夺孩子的继承权，外人也不可能通过非血缘关系来取代自己的血缘继承人。立遗嘱把自己的财产留给家庭以外的人更是不可能的。

在日本，就像近千年来在英国一样，财产可以依据个人喜好被分割，尽管在富裕的家庭中，中央财产不应该被分割成多份。所有财产都是父母的私有财产，理想的情况下，大部分财产应该由他们传给一个继承人。这与日本的封建领主制相符，在这一制度中，为了领主的利益，他的家臣应当拥有合理规模的财产，以备在需要时派遣武装支持。

在日本，如果家族中没有符合要求的继承人，任何人都可以作为继承人被收养，无论是血亲还是陌生人。这不仅适用于土地继承，也适用于商业、手工艺和文化技能领域。歌舞伎演员、相扑选手或大学教授都会用这样的方式选择继承人。

不同继承制度的不同结果是，中国强大的、以血缘为基础的父系（男性后裔）宗族制度，构成了其社会结构的重要中枢。在过去，中国某些地区的一些村庄，都有一个出嫁的家族——王家、李家、徐家什么的。日本就没有这样的情况，家族继承是由人决定的，就像英国一样，每个孩子都有可能被剥夺继承权。

这并不意味着家庭情感在日本不重要。实际上，家庭的亲切感在日本的很多组织机构中十分普遍，无论是企业、工厂、学校还是艺术机构，甚至是军队，"感觉"上都有点像一个外部大家庭。不过，日本社会里有一种混合了契约关系和亲缘关系的奇妙感情，相较英国文化圈中俱乐部和组织里人与人之间的感情关系更为强烈一些。

日本有一些社群，与"民间社会"没什么不同。这些社群是建立在自主选择之上、切实存在的、人为构成的"家庭感"团体。这种团体的数量近年来在日本像英语文化圈一样激增。在中国，直到20世纪中叶，家庭一直是一个不可分割的社会组成部分。这种情况下很难产生民间社会。然而，在过去的三代人中，家族制度已经部分瓦解，如今注重个人的教育制度、市场经济和新的法律权益，淡化了传统的家庭观念，也削弱了宗族和父母的权力。

在家庭领域里，也存在着性别和性关系。正如我们在中国看到的那样，儒家思想的一大特征是男性的先天优势：女性低于男性，在极端情况下，女性必须通过隐居和缠足来保护自己不受其他男性的伤害。尽管日本女性也有一种传统的内在自卑感，兄弟通常比姊妹地位高，女人必须用一种特殊的、恭敬的语言来称呼男人，但一般来说，男女平等程度要比中国高。在过去的日本，妇女在各个领域都很活跃。她们有人成为伟大的作家、著名的武士、家庭财务的掌管者、主持大宅的女主人。日本各处也存在着结构性的不平等，不过不像人们所想的那样严重。

性与身体

在中国和日本，人们对人体的态度，特别是对人体的性属性和功能的态度，形成了鲜明的对比。我频繁访问中国后观察到，中国人对于性的态度很像我童年时期所处的"二战"后的英国，这状态就像是任性的天真和清教主义的结合。

诚然，在中国，身体并不像基督教盛行的西方那样，被认为是罪恶或危险诱惑的根源，但也应当以谦逊和礼貌的态度对待它。人们应当合理地遮盖身体，而不是穿着轻佻；应当避免一切公开的性姿势。不过在公共浴室或温泉等场合，公开裸体就不是问题了。色情文字和艺术也比较隐晦。

有趣的是，这一切都与日本人对待性的态度背道而驰。两国有着类似的天真，日本人甚至更拘谨。进一步探究日本人的这种"天真"和"无性"观念，就会发现他们并不认为异性混合裸体温泉是错误的。日本人这方面的"天真"令早期的西方传教士非常震惊。

然而，日本也以其极端的色情和性娱乐产业而闻名世界。生动的漫画"枕边书"、大城市的红灯区、歌舞伎町，这些事物构成另一个世界，在这个世界上，性被视为一种无罪的、自然的过程，与吃饭或喝酒一样平常。

"二战"期间日本军队强迫中国和韩国的妇女当"慰安妇"，令她们遭到非人的对待。日本侵华战争中充斥着各种可怖的事件，这些事件拿到今天来讨论仍会受到强烈的谴责和声讨。

相互联系

我把中国人描述为"结构性"的民族，他们个人的价值存在于与他人的关系中。在传统中国，无论是父亲还是孩子、统治者还是被统治者，作为独立个体存在的意义是不被认可的。这是一种基于群体和配对的文明。日本人也是如此，人们存在于与他人的关系中，而不是单独存在。那句关于"一个巴掌拍不响"的谚语就是抓住了这一点。在这一点上，日本和中国是相似的，但除此之外，两者又有一些奇怪的差异。

一方面，日本人与他人结盟、相互依赖的程度要比中国强得多。如果说中国存在着"局部分离"的现象，在这里，阴与阳、太阳与月亮、夜晚和白天都是对立共生的，它们既相互分离，又彼此需要，这样才有存在的意义。那么与之相比，日本事物之间的这种交融和相互关联就更为强烈。

"纳豆社会" 的比喻就很好地捕捉到了这一特征。纳豆作为一种发酵而成的豆乳制品，豆子的卷须彼此交织，难舍难分。这是一种理解日本人的思考方式。**每个日本人都与他们遇到的其他人"缠绕"在一起，需要以礼相待，这种关系中充斥着一种内在的感激与责任，人与人之间仿佛都在偿还一项永远无法还清的债。**

当然，这种"感激"最强烈的对象是给予每个人生命的父母。不过，日本人与他们的教师、同事、老板、政治领袖，甚至陌生人之间的关系中也会存在这种感觉。因此，许多人认为日本人这种大众化的相互依存感使他们必须放弃个性。人与人完全无距离无边界地融合、交织在与彼此的关系之中。在日语中,几乎不使用人称代词。日本人不常使用第一人称的"我"这个词,尽管日语中确实有这个词。因此,当你在日语的语境中提到自己,你就会被迫陷入一个他者的视角,即别人眼中的自己。

然而,奇怪的是,日本人的这种相互依赖性导致了巨大的孤独和自我怀疑。20世纪早期的著名小说《我》(I)就对这一现象进行了探索。作者将日本社会比喻为串在一根绳子上的许多个龙虾罐,每只罐子里都住了一只龙虾,虽然都系在一根绳子上,但每只龙虾都与彼此隔绝,无法与他人交流。日本"自闭症儿童"的现象很严重,数十万年轻人选择将自己关在卧室里数年,拒绝外出。这种与社会的完全隔绝也导致了日本的高自杀率,这些都是内心世界极其孤独的表现。

多年来,我有过许多来自中国和日本的学生和朋友,也去过这两个国家很多次,有一些基于个人经验的对比观察:中国人喜欢交际,愿意和朋友待在一起,很健谈,在结识陌生人时通常是轻松平等的心态。相较之下,日本人经常对彼此避而远之,尤其是在国外,他们经常长时间安静地坐着,不交流。多年以来,我的日本学生一直以非常正式、尊敬的态度礼貌地待我,坚持称呼我为"老师"。我的中国学生和朋友通常在相处一段时间之后就会直呼我的名字,以近乎平等的态度与我相处。

有人把这一区别归咎于育儿方式的不同。显然,日本母亲和孩子之间的亲密关系，导致了所谓的"依赖"情结，这一现象十分显著。婴儿自出生之后的好几年里，都会一直"黏"在母亲身边。母乳喂养时间很长，母亲到哪里都必须带着孩子，孩子和父母一起睡在榻榻米垫子上，直到5岁或更年长。他们几乎不会分居，孩子一生都与父母紧紧相连。

在中国，这种现象也有，但不普遍。据我个人观察，中国的情况远没有这么极端。我在中国的街道上时常看到自己玩耍的幼童，他们没有时时刻刻待在父母身边，也不一定要和父母睡在同一张床上。

纯净与危险

日本之所以令人着迷，是因为它具有被人类学家称为"纯净与危险"的典型特性。空间和时间被分割得很清楚，因此"干净"和"不洁"、"外部"和"内部"、"高"与"低"被尽可能地分开，离得越远越好。可以从日本的房屋、街道、地铁站（通常清洁到连一个烟头都找不到）甚至乡村田野的洁净中看到这一点。在进入室内或神社时，需要先脱去沾染了室外尘埃的外衣，尤其是脱去鞋子。即使在房屋内，"被污染"的盥洗室也配有专门的拖鞋。

所有这些都让我想起了伦勃朗时代的清教徒、荷兰人追求的极致清洁，但日本的情况更为极端。中国则非常不同，

第一章 四种文明

中国人没有日本人那种对纯净和清洁的执念。19世纪,中国在西方人眼中有着"脏污之地"的恶名,因为人们在街上随地吐痰,工人用手推车运送粪便,到处是牲畜的粪便,公共场所也有人随处乱丢垃圾。这其实有些言过其实。据我多次游历中国的经验来说,我认为中国的清洁程度尚可,有的城市跟英国差不多。但中国人对清洁的执着程度远不及日本人。

这一巨大的差异也体现在日本社会中"非人"的奇怪现象中。很多人都不知道的是,日本虽然不存在类似于印度种姓制那种基于仪式纯洁性的制度,但在过去,日本确实有一种"不可触及"的贱民群体"部落民",他们甚至有个更贬义的称谓"非民"。这一群体有数百万人,主要分布在日本中部。他们已经存在了至少五百年,日本人对他们的存在心照不宣,而对于外国人来说部落民几乎是一个不为人知的秘密存在。部落民从事着动物屠宰、制造皮革等工作。他们的工作将自然转化为人文,与血腥和死亡紧密相连。最极端的是,他们被看作是"受到最严重污染"的不洁之人,其他日本人不能与他们通婚,不能接受他们手中递过来的食物。然而,部落民的职业也包括杠夫,负责运送死去天皇的棺材。讽刺的是,最洁净的天皇在被死亡污染之后,在他的葬礼上抬着他的棺材上街的竟然是这些最不洁的部落民。在中国则完全没有类似的现象。

民族主义

日本是一个岛国，四周环绕着危险的海洋。像英国一样，它是民族主义的，也是孤立保守的。在这一特性上，日本比英国更甚。随着不断来袭的移民浪潮，以及二十英里（一英里等于1.6093千米）相对平静的大海将英国与欧洲大陆隔离开来，英国人对外国人的仇外心理和鄙视程度被"海浪"冲淡了不少。当然，在危难时期，或帝国鼎盛时期，英国存在着一种傲慢和偏执。

这一岛国特质在日本被推向了一个更大的极端。传说在过去，如果一个日本水手在海上迷路，后来再次回到日本，他就会被处以死刑。多个世纪以来，外国商人都不被允许访问日本大陆，而是被要求停留在长崎湾德希马岛的一个缓冲区，也是一个"去污染室"。直到近代，那些在国外待了几年后再回到日本的日本人还被认为已经失去了"日本性"。而最近，有些在日本定居的外国人能讲流利的日语，或者与一位日本的伴侣结婚，即使如此他们也还是被当作外国人看待。

最极端的是，19世纪后期，当日本处于其最强大的状态，开始重新安排其民族分类时，将包括中国人在内的外国人当作下等人，认为他们是野蛮人或者只能算半个人。许多日本人作为个体都非常温和、敏感，追求美感。然而，因在战争中对战俘和敌人极端残忍而臭名昭著的也是他们。战争中日本人的行为就好像是在对待动物而不是人。这在很大程度上可以归咎于日本人长期以来的孤立状态，以及他们对其他人种的分类方式。

日本人在国家弱小时表现出极大的顺从，在强大时则表现出傲慢和残暴。日本人的目的是封锁日本岛，以此来规避风险和携带污染的外来访客。如果日本人遇到外来者，决定要将他们视为上级来对待，就像长久以来对待中国和近期对待美国那样，日本人就要自贬身份，臣服于这些外来者。如果外来者被日本人认为是下等人，他们就会以残忍冷酷的方式对待，几乎没有人性。

上述现象再次与我所见到的中国形成了鲜明对比。诚然，骄傲的西方人在18世纪企图与中国的皇帝进行贸易往来而常常被轻蔑对待，19世纪的传教士也常遭受这样的待遇。当时的中国人对他们的国家十分自信，认为这一中土王国是世界的中心，是世界上最古老、最伟大、最文明、自给自足程度最高的国家，有时这种自信甚至发展到盲目自满的程度。我们发现，无论是罗马人、英国人还是美国人，所有帝国主义大国都曾抱有这样一种态度：我们的国家是文明的，其他国家是野蛮的。

不过，中国人这种普遍的自满态度并没有发展成仇外心理，也没有想要切断一切对外交流、把遇到的外来者当作"非人类"来对待。相反，中国人希望通过贸易、定居、通婚，把处于边缘位置的外来者变成"中国人"。中国是一块不断吸收的海绵，而不是日本那样的岩石堡垒。中国欢迎任何想成为"中国人"的外来者。

因此，当日本人几乎使日本岛的原住民阿伊奴人近乎灭绝时，中国则为其拥有一亿多少数民族人口而高兴。历史上许多少数民族在中国处于半自治状态，只要不做威胁当时皇帝统治的举动，他们可以保留自己的习俗和服饰。

阶级与城市

日本和中国的另一个巨大差异在于两国社会阶层的分类和构成。正如我们所见，在中国有着两千多年历史的封建社会结束之前，其社会结构是学士、官僚、皇权至上，其他阶级都排在下面。这一双层结构将农民的地位置于商人和手艺人之上。这一结构非常简单且强大，军事贵族、自治资产阶级或宗教团体在这一体系中都没有容身之所。

日本有一个四重的等级制度，乍一看可能会认为它和印欧语系的四阶级（贵族和军事统治者、神职人员和公证员、资产阶级、农民）差不多。然而，日本的等级制度与西方以及中国都有着巨大的差异。

日本完全没有印欧体系的宗教秩序，没有与印度的婆罗门或基督教的神父相似的存在。因此，有人可能会认为日本的等级秩序只可划分为三层，但实际上是四层。这是因为日本人非常看重经济发展，这一点反映在其拥有两个"资产阶级"群体——商贩和工匠。虽然他们被排在农民阶层之下，却是日本社会非常重要的组成部分。

这又反映出日本和中国的一项区别。在日本，制造和贩卖商品获取经济利益不会被贬为贪婪，也不会因此被降低身份，相反，商业受到极大的重视。日本有一些存在了数百年的大型贸易和制造机构，如三菱等知名大公司。

日本借助其沿海交通的便利，在各地都发展商业活动，很多城市的商业都相对发达，这看似很像中国的模式，实则不然。

中国城市存在的意义是"堡垒"，只是接受政府的管理，为集市和市场提供场所，并没有形成单独的地方法律或城市文化。在日本，大阪、京都、镰仓、江户（东京）等大城市都发展出了自己特有的城市生活和文化。这并没有被视为对政权的威胁，也没有被政府压制。日本作为一个封建的权力体系，允许出现像西方世界那样自治和独立的城市，极大地鼓励了各地城市的形成和发展。

因此，日本的制造商非常出名，他们为本国有鉴别力的市场制造精致的产品，后来又席卷了全球。他们可以仿造任何呈现到他们眼前的物品，他们对微缩世界的痴迷，使他们在走向"微型"的道路上特别成功。

在日本人看来，赚钱和适度消费是光荣的，并不是什么危险的事情。家族企业世代相传，在半家族模式下招聘员工，日本的产业或企业通常会把最有才能和潜力的员工当作继承人对待。企业继承人往往是被家族收养的陌生人。

日本的四重社会秩序纯粹是建立在功能上的，这是一种"有机"的团结，每一个层次都发挥着作用。两个阶层之间的流动并不太困难。日本有很多关于家族企业里的小儿子不得不离家出走，在其他城市成为富有的企业家，并开始自己的成功之路的故事。传统中国社会流动的路径是完全相反的。向上爬是有一定可能性的，但基本上只能靠高智商、优越的天资和运气。

教育与宗教

日本和中国的教育体系有许多重叠之处。两国有着类似的儒家思想传统，对于学习非常看重，尤其是语言和文字方面，虽然有着极其复杂的符号和音节，普遍识字率却不低。古典文学、诗歌、小说和自传都备受推崇。两国都产出了大量的经典著作。

然而，在中国，教育是上升的阶梯，与一个人的天资紧密相关。在日本，虽然教育也很受重视，但与中国的情况不同。日本的统治阶级不是由文官组成，而是由武装士兵——大名和武士组成。因此，日本的学校教育更多时候让人想到英国的传统寄宿学校制度，旨在将帝国的海陆空军服务者培养成坚忍不拔的勇士。与中国的制度相比，日本的教育更重视的是对于武术、耐力和性格的培养。

不过不论是日本还是中国，很显然都缺乏其他职业的专业培训——法律、牧师、医学等方面的教育培训都很少。西方高等教育重视的修辞、逻辑和数学在这里被忽视了。我们所能看到的与西方最大的差别来源于这两个国家都没有建立过中央宗教阶层，尽管中国和日本都有佛教传统，也有寺庙。中国和日本都是文明古国，两者之间有一种持续而深远的"回音"效应。我花了十五年的时间去挖掘和理解日本的"音符"。而我至今还在努力理解中国的"音符"。

雅斯贝尔斯认为，日本作为一个文学文明，从中国汲取了很多养分。日本也是轴心时代的一部分。而我与其他一些研究日本的学者，尤其是S. N. 艾森斯塔特（S. N. Eisenstadt）[1]和罗伯特·贝拉（Robert N. Bellah）[2]，都认为雅斯贝尔斯的结论得出得太过轻率了。

一千多年来，日本都在抗拒轴心制，先是遇到从中国来的几次浪潮，而后则是来自西方的进一步冲击。日本文明的核心从未改变过，也一直保持不可分割。一种无形的力量渗透在日本人的生活中，到处都是寺庙和小型仪式。神道教和佛教的影响非常深远。但是在日本，却没有与现实世界分离开的另一个世界。死去的人没有归处，日本人也不认为有上帝存在，也没有真正的天堂。甚至把"宗教"说成是一个既

---

[1] S.N. 艾森斯塔特（1923—2010），以色列社会学家。——译者注
[2] 罗伯特·贝拉（1927—2013），美国社会学家。——译者注

定领域（日语中没有"宗教"这个词），也是一种错误。日本人从中国吸收了一小部分儒家思想，但他们再一次颠覆了传统。正如我们所见，在日本，中国的儒家思想存在着决定性缺失。

当我发现日本其实是一个藏在现代科技与制度的镜面后的古老巫术文明，我将此归咎于其隔绝大陆的地理位置及其能够在外部压力下保持原始信仰完整性的良好能力。如今我意识到，早年间中国的哲学通过一种非常温和却十分有效的方式传播到日本，即日本在7世纪至9世纪以及13世纪至15世纪之间受到中国佛教文化的影响，可以说是一种温和的、半"轴心化"的影响，或用现在流行的说法即"轻轴心化"。

从根本上讲，来自中国的儒道、佛教的结合产物，与印度和波斯更强大的轴心文明有很大不同，甚至与希腊和西方国家一神论的完全轴心制有着更大的差异。轴心文明不是一种非黑即白的现象，而是一个"或多或少"的连续统一体。日本是一个非轴心化的国家，虽然由西方传入的基督教已经渗透到了它的本质中。

对很多外国人来说，初次到日本会给人一种并不陌生的错觉。一个西方人可以很容易地在日本的店铺和产品中找到西方文明的影子。一个中国人也会发现那里的寺庙和建筑的颜色十分熟悉。然而，这是一种幻觉。除非我们，尤其是中国人，能够认识到这一点，且日本人也了解他们自己与中国的关系,否则邻国之间的关系很可能会因被误解和相互指责而陷入僵局。本书试图在这些文化之间充当翻译的角色,揭示起初看起来像直系亲属或表亲而实际上是陌生人的关系。文明可以是被理解的,如果能做到尊重彼此的差异,不同的文明和国家也可以成为彼此的朋友。

第三节　欧洲文化圈

在学校期间，我曾经研习过一些欧洲历史，特别是关于拿破仑时代的内容。但与欧洲大陆的第一次实际接触要追溯到1959年，我按照一个半世纪前年轻的威廉·华兹华斯（William Wordsworth）[1]曾走过的路进行了一场便车旅行。有了知识的积淀，这趟旅行显得格外丰富。在牛津时，我接下了一篇关于欧洲史的论文，还将"欧洲人类学"这个选项引入到剑桥的社会人类学三部曲，为此我必须广泛阅读些书籍。那些欧洲的社会学家，如埃米尔·涂

---

[1] 威廉·华兹华斯（1770—1850），英国浪漫主义诗人。其诗歌理论动摇了英国古典主义诗学的统治，有力地推动了英国诗歌的革新和浪漫主义运动的发展。其诗句"朴素生活，高尚思考"（plain living and high thinking）被作为牛津大学基布尔学院的格言。——译者注

尔干（Émile Durkheim）[1]，历史学家，如雅各布·布克哈特（Jacob Burckhardt）[2]，马克·布洛赫（Marc Bloch）[3]以及各式各样的旅行者和作家，如米歇尔·德·蒙田（Michel de Montaigne）[4]，一并都成了我最喜欢的作家。

所有这些游历、探讨和阅读都是我关于欧洲大陆思考的基石，同时让我感受到了欧洲大陆不同部分的巨大差异，以及欧洲同东方（土耳其以东）、北方（英国和英语文化圈）之间的巨大鸿沟。

直到沉浸在欧洲大陆的过去和现在之前，我都没有意识到自己会对这个大洲上发现的事情抱有任何特殊假设，尽管这种假设一定曾经有过。一切都看起来那么丰富、多样、生动并带有文化特质。我本能地对艺术、建筑、文学、音乐和民间文化抱有热情，同时对近年来有迹可循、持续不断的战争和广泛蔓延的困境感到悲哀。

到20世纪80年代，欧洲大陆似乎已经走出了过去一段时间种族屠杀和战乱迭起的阴霾。在过去的二十七年里，由于苏联解体、东欧剧变，欧盟等组织广泛传播，以及大众旅游

---

[1] 埃米尔·涂尔干（1858—1917），法国犹太裔社会学家、人类学家。——编者注
[2] 雅各布·布克哈特（1818—1897），文化史、艺术史学家。——编者注
[3] 马克·布洛赫（1886—1944），法国著名历史学家，年鉴学派创始人之一。——编者注
[4] 米歇尔·德·蒙田（1533—1592），文艺复兴时期法国思想家、作家、怀疑论者。——编者注

的作用，辽阔的欧洲大陆上的浅层相似性明显提升了。然而，先不提我对欧洲历史和社会的简要阅读，仅是我与欧洲大陆第一次邂逅的经历，就呈现出了不同地域持续的深层结构性差异。

对于那些轻易认为欧洲文化圈和英语文化圈有很高相似性，并认为他们都沐浴在普遍的和平、消费主义、丰富的文化和强大基督教传统中的亚洲读者来说，理解这些深层特征对于帮助他们理解欧洲文化圈是极为有益的。

我会尽力去总结这些结合了重要的核心价值观与制度相似性的深层差异，但想要将有着千年高度多样性并持续变化的欧洲大陆记于寥寥数纸，实在是件困难的事。

欧洲在何处，欧洲为何物

欧洲在何处，欧洲为何物？这要从欧洲位置的始与终说起。我仍然记得当我问起一位日本朋友西方的起始点在何处，而他回答了中国时我内心的惊诧。当我将同样的问题抛给一位中国朋友时，他的答案是印度。显然，这位答者以及其他我在日本和中国交流时遇到的朋友都看到了在亚洲主要地区中，东亚和东南亚存在着根本区别。尽管存在本质的差异，从孟加拉国到西班牙还是被粗略地概括为"印欧大陆"。这样，我就理解了他们的意思。

日本和中国的受访者显然触及了一个真实存在的现象。

第一章 四种文明

如果我们用语言、种族、宗教、社会结构这四种标准来衡量，从印度（尽管不是印度南部的德拉威）到葡萄牙或瑞典的整个地区的确符合这四个衡量标准中的三个。

这片广袤的地区在种族上以白人为主。在语言方面，除了一些小例外，整个地区的人们都会说一种或其他印欧语言的变种。在社会结构方面，整体遵循了四种根据职业来界定的社会等级原则。

基本在大多数历史时期中，这片区域都拥有基于血统的四个种性，每种之下都有子种性。首先，印度的统治者、刹帝利或战士，法国或西班牙的贵族，在法律和仪式上同下级分离。他们会经常与皇帝或国王联合，以充当政治统治者的角色。除了投胎，没有任何方式能使其他人加入到这个以血缘为核心的群体中。其次，是宗教等级，例如拥有最纯粹仪式感的印度婆罗门，以及西方基督教中的神父。接下来是市井等级——资产阶级，其法语是"bourgeois"，而"bourge"这个词根正为城市之意。在印度，资产阶级也是一个依靠血缘世袭的种性——吠舍。最后，与中国和日本的等级秩序完全相反的是，村落中大片的文盲农民处在了最底层。这样的一种四重分层结构直到19世纪晚期，都可以涵盖从加尔各答到里斯本的所有地域，直到现在也几乎可以囊括上述大部分区域。

整个区域都在"精英文化"成文的"优良传统"同大多数人的"不成体统"或者"流行文化"之间产生了强烈的分

歧。"精英文化"诞生于那些高知有礼、视野宽广的城市专业群体,而"流行文化"则属于一种令那些精英全然无法理解的、截然不同的、口口相传的神话与仪式世界。然而诸如此类的分歧,却从未在远东和英语圈中出现过。

最后一个标准,即宗教,在最初便将这片从印度到西班牙的广阔地区分为两部分。在印度,存在着泛神论(有许多神)的印度教和无神论的佛教。然而就在这里,还存在着严重的混合状态,特别是在孟加拉东部、巴基斯坦和印度西北部存在的一神论的伊斯兰教。

中东以西的区域,基本都信奉一神论宗教,尽管这部分宗教也分出了三种相互竞争的宗教,即犹太教、基督教和伊斯兰教。这三种一神论传统经常处于敌对状态,然而它们处于远溯东方的深层统一体中,即从印度教和佛教到琐罗亚斯德教、旧约先知和希腊哲学家,所有的哲学体系经历的巨变创造出了一个自洽且分离的领域——宗教。

虽然彼此有着巨大差异,但这些传统便如同与中国和日本的象形和表意文字相对的,在本区域中广泛使用的字母语言一样,统一着这片土地。

因此,这片景致有大致的"族群相似性",从加尔各答到罗马的人们均为"手足"。然而这片区域太过辽阔,地方差异显著,让我们更加明智地把关注点缩小到今日的"欧洲",这个大致有语言、种族、一神论宗教和四重社会等级这四个特点的地方。这片区域从俄罗斯中西部的乌拉尔山脉

第一章 四种文明

起到斯堪的纳维亚半岛终，由希腊始直到葡萄牙终。

一个显著的特点是，这个相对较小的区域内蕴含着巨大的多样性。整个地区在地理和人口上都小于中国，但它的地形、不稳固的边界线和动荡的历史意味着大部分时间里欧洲都是由无数国家、文化和传统所组成的，它们彼此间的差异甚至大于同中国的差异。

语言和地域的多样性

我将从语言谈起。在近五百年的时间里，大多数受教育者可以书写或表达拉丁语，这样的共同语言在一定程度上统一了西欧，与汉语之于中国并无异处。这样的统一体在五百年之后便瓦解了，直至近年英语重新成了一种普及度很高的语言。

如果我们把视野从懂拉丁语的百分之一二中挪开，从文化神坛中走出来，大部分人都讲着各式各样的语言和方言。显而易见的是，直至法国的地中海罗曼语族与北部和东部的日耳曼语族存在巨大的分歧。西方和东方被再次分为西方的罗曼语族和日耳曼语族以及东方语言，包括再往东的斯拉夫语、匈牙利语和突厥语。

这只不过是表面上的语言不统一。直至19世纪晚期，民族国家"想象的共同体"被创造，国家在语言上形成统一，人们都说着一种普及而又容易理解的语言。在巴斯克人之前，那些说着中世纪南法语或北法语的加泰隆人，或北边的布列塔尼人，都纷纷形成了多元的语言共同体，其使用的并非有差异的方言，而是不同的语言。如果你曾在欧洲旅行过，你总会身处不同的语言世界。每个独立的语言也总会存在截然不同的方言。

语言差异仅是在有限区域内社会文化差异的一种表征。正如尤金·韦伯（Eugene Weber）在《从农民到法国公民》（*Peasants into Frenchmen*）一书中所描述的那样，在十或二十英里的范围内，一切都可能瞬息万变。从一片小区域到另一片中的食物、住宅风格、村落形态、服饰、农作工具、婚礼习俗、诙谐方式以及神话传说各有不同，从中我们可以看到包罗万象的欧洲大陆。

就物质世界而言，从法国中部至德国出现了巨大的分歧。适合南方沙质土壤的轻型无轮式罗曼犁农业体系与北欧使用的重型轮式日耳曼犁有很大区别。正如布洛赫所描述的那样，不同的地域和村落形态导致了社会结构甚至个体性格的对立。

所以，南方布满橄榄树和葡萄树的小村庄农田与北欧的小麦、啤酒花以及苹果种植区有结构上的差异。南方人喝葡萄酒，吃橄榄和蔬菜，并以此为主食；北方人则喝啤酒和苹果酒，吃面包、奶酪和肉。

宗教多样性

至此，欧洲巨大的宗教分裂在地理和政治上将这一地区割裂开来，令众多局外人困惑不已。欧洲内部以及欧洲最亲近的一神论邻居——伊斯兰教之间无尽的宗教战争，始终是欧洲历史的核心动向。基督教世界更是分成了两种天主教会——西部的罗马天主教和东部的东正教。在16世纪后，西部的罗马天主教分支进一步分为南方的旧教和北方的新教。

我在同中国朋友和日本朋友的交流中发现，这样或那样的宗教以一种让这些来自道教、神道教或是儒家思想和佛教世界的人难以理解的方式主导着欧洲。令他们惊讶的是，宗教在欧洲似乎不仅关乎那些礼数、仪式或社会伦理与责任，更重要的是，它已经渗透到了生活的方方面面。

在欧洲，无论是宏伟的大教堂还是难以计数的小教会，中学或大学，还是文学、音乐、政治、战争、语言和哲学概念（包含科学），都被宗教所笼罩。即便在今天，在那些从这样的传统里成长起来的人中，也没有任何词语、思想或是行为可以真正摆脱这种间接宗教继承的深刻影响而存在，尽管这些人认为他们已经脱离曾经的宗教信仰很久了。

在欧洲人的内疚感、罪恶感、对死亡的恐惧、对待动物和痛苦的态度、对艺术的欣赏、对金钱与储蓄的态度、对真理和政治的态度中，都能看到宗教影响的残存。来自中国或日本的游客很可能会对此感到惊讶。宗教对欧美人的影响是巨大的，如同空气一样笼罩在我们周围，对沉浸其中的人而言，这种影响是无形的。

然而，若想了解欧洲的任何一隅，从教育与科学的进步、文艺复兴、巴赫或莫扎特的音乐，到对伊拉克的入侵、西方的法律和政治体系，我们将它的一神论宗教纳入考量。生活的方方面面都受到广泛影响的基督教的调剂。与不断的军事竞争相结合，我们可以看到执着于宗教的一个显著影响——欧洲帝国对外扩张的性质。

传教士的扩张与民族主义

亚历山大和罗马人最早的帝国冒险是为了征服和战利品。然而，美国人发现直到越南战争，西方都奉行着如威廉·巴特勒·叶芝（William Butler Yeats）诗句中"血色迷糊的潮流奔腾汹涌"那般的大陆帝国主义，特别是葡萄牙、西班牙、意大利、法国和比利时，都基于洗劫（战利品）和传播基督教的双重目的。以暴力传播上帝的福音，通过灭绝或奴役原住民和迫使他们皈依基督教的方式来落足新土地，这些都是不变的主题。

鉴于这种将火药武器与《圣经》相结合、具有攻击性的外部推动，我们无须惊讶于当16世纪这样的趋势漫延至日本和中国的海岸线时，这些民族变得谨慎起来。

东方的宗教并非福音派的——人们不会遇到道教或儒学

信仰者在门前试图兜售他们的思想。东方的民众并没有被告知如果未寻得正确的信仰便会下地狱。然而这却是宗教战争以来西方所力行的。如果人们不接受这真理的化身，他们便会被钉在十字架上活活烧死，遭受酷刑和监禁。

除此之外，还有另一未在中国发现但现今中国人需要去理解的特点——民族主义。几乎所有居于欧亚大陆西缘外凸部分的小群体，无论是西班牙、意大利、法国还是德国，都面临着如何团结这些讲着多种语言且不会自然地感受到"法国式""西班牙式"或"意大利式"的民众。

在信任匮乏和邻国高度武装的情况下，达成此目的的一个必要条件是强化通常被称为"理想"或"想象"的共同体。这样一个团体相信他们拥有共同的历史、血脉、文化和政治体系，并且让他们能够为自己的国家出生入死，遵从统治者，高扬着"我们是法国人"的旗帜。

这样团结几百万甚至更多人，激起民族情绪的做法，实际上早于18世纪以来的"印刷资本主义"就存在了。我们发现联系紧密的小地区更早出现这样的情结，如英格兰、葡萄牙或瑞典。而本尼迪克特·安德森（Benedict Anderson）还是正确地辨析出欧洲大陆国家很大程度上都是19世纪和20世纪的产物。

在民族主义想象中的世界里，我们可以看到一种潜在且无法分割的景象融入"自然"的边界，将我们和敌人区分开来。从拿破仑战争到两次世界大战，近两个世纪以来的悲惨战争史几乎都发生在相同的民族之间。众所周知的是，他们践行着共同的、向善的宗教，彼此对垒，并将这种紧张的局势带向远东，把中国和日本卷入这场巨大的斗争。再加上不断提升的火力装备，使得西方历史成为一场漫长的战斗，在这场战斗中"无知的军队在夜里厮杀纠缠"，分崩离析，再合为一体。

冲突与法律

小国家之间冲突的战争史并非绝对清晰，这与语言和宗教的分歧以及东亚和印欧之间的根本分歧有关。然而，中国人会惊愕于以和谐、融洽为理想的中国文明和以冲突、进攻、争论、紧张为特征的欧洲文明之间的根本差异。

在实践中，我们可以从法律上看到这一点。欧洲人不仅"沉浸在宗教中"，也同样"沉迷于法律诉讼"。我们在古希腊哲学中发现的辩证、对峙以及对真理和真知的追求，可能是罗马文明最发达的一方面——法典背后的促成因素。这些显然受到了犹太教和基督教重视法律的影响，从而形成了一部复杂的法典，为查斯丁尼统治下的晚期罗马帝国提供强有力的规范，这样的传统塑造欧洲至今。罗马法如同古罗马和古希腊文明的其他方面一样，复兴了15世纪、16世纪，传播横亘欧洲大陆。

这些强有力的法典有几个显著的特征可能会引起亚洲来

访者的兴趣,并将它们记录下来。其一是欧洲的等级制——他们将巨大且绝对的权力集中在少数统治者手中,与中国皇帝在"天命"之下的境况不同,欧洲的皇帝或国王掌握着一种神圣且无可争论的权力。

这样追溯到古罗马帝国晚期的专制主义趋势,可以作为原因之一去解释为什么自15世纪以来,复兴的法典得到了欧洲君主们的大力支持,特别是在西班牙、法国和神圣的古罗马帝国。这部再现光辉的罗马法是欧洲和俄国专制主义者们统治的基石。从西班牙到德国,几乎所有的古罗马皇帝都执掌权杖,专制传统的延续似乎是20世纪中期法西斯征服欧陆世界背后的原因之一。

其二是,所有的法律都基于出身与地位。罗马法认可奴隶制,区分出身的高低贵贱,认为父亲先天优于子嗣,男人先天优于女人。在某些方面这很类似于儒家思想,但这样的观念通过法律体制被放大,而非通过教育。

其三,罗马法在财产上有独特的视角。我们从英国的习惯法中可以发现,财产中的"权利束"、绝对私有财产的可能性、相对所有权利的财产神圣性概念是不存在的。出色的德国律师无法理解英国人眼中的信任、公正以及他们混乱复杂的产权法。

罗马法对人与事有绝对的界线。虚假的公司、通过遗嘱剥夺继承权的可能性、英国复杂的银行体系,这些都成了一种迷思。因此,如马克斯·韦伯所讲,正是习惯法使得市场资本主义的工具得以发展，而非罗马法。

最后，便是刑事法律程序的相关问题了。在罗马法中，法律体系完全被并入政治体系当中。政法不分离，法律是政府的管理工具罢了。法律的责任并非保护公民，而是去延展国家的统治功能。这就是法国哲学家米歇尔·福柯（Michel Foucault）《规训与惩罚》（Discipline and Punish）涉及的世界，在教堂的审讯与协约背后，在酷刑司法化和凭借强力执法来简化法律程序背后，警察、法官和检察官通常都是同一个人。

对被告来说，这里没有任何公平和保护可言；没有陪审团，没有"人身保护权"（除非迅速提出指控，否则有得知逮捕理由和被释放的权利），没有在被证明有罪之前的无罪推定，没有权利拥有辩护律师，无需一系列有力且直接的犯罪证明。在大陆罗马法体系中，预审法官逮捕了一个人并试图找出会指控他或她有罪的人，通常会使用威胁或酷刑，这些往往是绝对保密的。这就难怪那些在武装宪兵的规训和残酷的审判与严刑下的广大文盲农民，会憎恨国家及其显然的奸臣。

现在的欧洲法律体系吸收了一些英美法基于的契约、公正以及"法治"和正当的诉讼程序。然而，这段在西方以拥护人权和法治为荣之前的历史遗留，值得被我们铭记。

欧洲发展的诸多局限

自孟德斯鸠和亚当·斯密的启蒙思潮以来,"究竟是什么阻碍了中国的发展"就成了一个核心的问题。人们广泛认同的是,在13世纪的南宋时期,中国拥有着世界上最先进的技术、最繁盛的经济以及最为和平、富足、博学的文明。但是自此,中国似乎就掉入了一个"高水平制度均衡陷阱"。中国不再那般灵动了,以至于在五百年后直到1800年,整个国家都没有长足的进步和发展。尤其令人感到困惑的是,中国在这期间没有文艺复兴、科技革命或是工业革命的起色。但是,如果我们将历史的镜子调转,把目光从中国投向欧洲,我们几乎可以问出同样的问题:"为什么从17世纪开始,欧洲开始陷入停滞,渐渐迷失方向,甚至出现倒退?"

12世纪到16世纪,欧洲拥挤的城市、自由共和国以及迅猛发展的农业和矿业技术,让我们不禁为其巨大的能量所震撼。欧洲通过帝国主义和贸易的对外扩张将其足迹遍布全球,并且通过优秀的大学引进了阿拉伯和古希腊的科学并产出了大量优美的艺术。除去14世纪黑死病的阻碍,欧洲似乎注定要在进步中冲破农业社会的限制进而成为一种新兴且宏伟的形态。

这种发展动能、创造力和开放性大多从罗马帝国陨落之后出现的均势中产生。弗朗索瓦·基佐(François Guizot)的《欧洲文明史》(*History of Europe*)一书解释了在8世纪到12世纪一个新的文明如何基于希腊和罗马的早期知识和技术孕育而生。这番繁荣景象来源于此文明各个基础力量的大致平衡,没有任何一方面会受到压制。

皇族的势力被贵族和城市的联盟牵制着,同时神职人员和律师常常与国王形成同盟,但有时也会站在其对立面。农业在这种矛盾与分歧中获利,并在全新的耕作工具、水能风能的广泛应用、新型作物以及更自由的赋税中繁荣发展起来。

因此,任何在1600年前后来欧洲造访威尼斯、马德里、佛罗伦萨或是阿姆斯特丹的人都会预测未来这里会出现可持续化经济,独立大学中更进一步的文化氛围和学术水平,风靡一时的集会以及有富裕且强识赞助人的法庭。一切都显得那么理想化。但仅在一个半世纪之后,欧洲大部分地区已经显露颓势,越来越多的苦难降临在更多人身上。

正如亚当·斯密所注意到的,经济的增长停滞,西班牙和意大利这样的老牌富裕国家也出现衰退。这些国家的农民阶级受到剥削,贵族阶级也愈发贫穷。甚至威尼斯或阿姆斯特丹这样的贸易中心也触及发展的"天花板"而走向衰落。

显然,从16世纪后期到19世纪中叶,欧洲大部分农民阶级都不得不更艰苦地劳作。可以任由他们差遣的畜力更少了,加在他们身上的赋税也更繁重了。

即便是在亚当·斯密看来,整个欧洲人均最富有的荷兰共和国也在18世纪早期陷入了停滞,到18世纪末荷兰已经变得极其不堪一击,以至于很轻易地就被拿破仑的军队所征服。他们甚至必须依靠英国二百万英镑的救济来支撑起自己(字面意义上的)以免被洪水淹没。

在思想领域,这种停滞和倒退也同样存在。到了18世纪中叶,西班牙、意大利和法国的多数大学已沦为空壳,甚至在19世纪被拿破仑关闭以重新充当为政府管控的行政训练中心。哥白尼以及伽利略时期对新知识的索求也在17世纪末消失殆尽。整个欧洲大陆已经很少有任何形式的实验性科学还在进行了。

17世纪意大利、荷兰和西班牙文艺复兴时期的艺术光辉也逐渐枯竭,尽管德国的音乐以及法国的哲学和文学仍然保持着很高的水准,但它们也都毫无疑问地经历了普遍的发展放缓。

在这一切现象背后是各方力量平衡的破坏。共和制正在崩塌,而皇室权力随着与修会的联盟而日益增长。仰仗着君主专制的罗马律法在欧洲传播,国王和皇帝获得了全新的神圣权力。

所以当孟德斯鸠发表《波斯人信札》(*Persian Letters*)和《论法的精神》(*Spirit of the Laws*)时,他不得不前往瑞士以逃离宗教法庭和国家审查制度,从而让这些书不致在法国就被销毁。彼得大帝和凯瑟琳大帝统治的俄国以及神圣罗马帝国的其他地区就如同法国和德国,这些强权主导着西方世界。

因此，我们注意到大约从1600年开始的二百年里，欧洲正变得越来越贫穷，越来越专制，也越来越缺乏创造力。欧洲正经历着倒退，或者充其量是在周期性的毁灭性饥荒中原地踏步。其间，欧洲仍然陷在大型的内部斗争中，还在试图通过奴役和殖民从世界其他地区榨取资本。

鉴于所有这些现状，亚当·斯密发现同期的中国发展正常，甚至在许多方面都更为先进。据他所观察到的，中国没有倒退并且依旧有着大量的繁荣市井和兴旺的农业。如果说自从宋代以来中国没有取得显著的进步，那至少也是差强人意。

正如亚当·斯密的分析，如果将欧亚大陆的两端进行对比，我们可以发现这两个区域都已经达到了各自发展的"天花板"。他认为这种停滞是不可避免的，因为一个明显的限制就是人们仍然通过动物和植物来获取太阳所提供的能量。在爱德华·吉本（Edward Gibbon）看来，在18世纪末期的地球上有四分之三的人（在当时就是大约七点五亿人中的五点六亿人）都生活在苦难与贫穷之中。

如果我们直接跳到19世纪末期那个民族主义、工业化、化学农业、燃煤能源的时代，很容易相信欧洲已经奇迹般地脱离了"高水平均衡陷阱"。从某种意义上来说，尤其是在知识和物质财富方面，欧洲确实已经做到了，但是"政治陷阱"仍旧存在。

也许不需要太费劲就可以发现，在19世纪30年代出现的

"极左"和"极右"之间的试探性摇摆，都多多少少和前一阶段的缓冲期有关。

罗马律法和专制政府使得民间社会一切平衡的、抗衡的力量都被削弱并吸收，直至它们都落入政府手中，而政府则竭尽所能试图达到专制。正如中国的皇帝依赖于其行政支持，它们也完全依赖于皇室的帮助。大学、教堂、城市、法庭、军事，各方面都越发削弱和屈从。

这种形式在几年之内被希特勒、墨索里尼和佛朗哥传播开来。"法西斯主义"这个词语指代的是共同建立不可分割的经济、政体、意识形态和社会形态。正如基佐写到的，法西斯主义者粉碎了从罗马到文艺复兴七百五十年来的残存痕迹，并由此催生了权力的分散和丰富多元的民间社会的发展。

在了解这些之后，我们不难发觉在某种意义上中国与欧洲之间的差异，其实远没有我们所想象的那么巨大。直到19世纪50年代，中国和欧洲都面临着结构性的生计问题，而化石燃料和化学与医药时代的出现，一下子将其从大部分的重担之中解脱出来。

陆地和海洋的文明

尽管中国和欧洲有着极为深刻且相似的结构性问题，他们用以解决问题的资源却不同。其中一个引人注目的因素就是，如果我们把中国的领土想象为一个巨大的四边形，她的三条边都是陆地上的边境，并且大多数人都住在离海几天路程的地方。中国有着规模巨大的河流、水路和湖泊，于是沿岸和出海的远距离贸易也就没有那么吸引人了。中国更倾向于丝绸之路和东南亚。在14世纪，中国发现了非洲，也许还有美洲，但他们却并没有继续探索。

如同日本，西欧被波罗的海、大西洋、地中海和黑海所包围。尽管欧洲中部的大平原并不如此，但大多数生活在那些较小国家的人离海只有几小时或者几天的距离。

海港似乎总是自由的摇篮，无论是政治自由还是思想自由，无论是威尼斯还是里斯本，或是孟德斯鸠的故乡波尔多，亚当·斯密的故乡格拉斯哥，大卫·休谟（David Hume）的故乡爱丁堡。延展且深刻的思考、新思潮的涌现和碰撞都随大海而来，一个世界性的国度在这些城市中蓬勃发展。

此外，意大利、西班牙或是法国的港口人民开始放眼海外，对于长距离贸易越发浓厚的热情使他们很快地吸收了大量新的食物、饮品以及习俗和财富。这种持续出现的新鲜事物和经历不断地刺激着人们，令他们震惊，令他们充满活力，同时也令他们拥有了大量的财富。

尽管在清朝，中国在地理版图上进一步扩张，但是早在宋朝其文化就已经大体上趋于完善了。当中国结束了向印度洋的长距离贸易，从明朝以后就仅剩下同周边国家和东南亚的贸易，自此新思想、新事物和财富的涌现部分枯竭。欧洲虽有边界但却仍存缝隙，然而中国就只是处在边界之中了。

城市文明

如同我们探讨法律那样，西欧大陆中一个值得特别关注的特点是罗马皇帝的影响。尽管帝国已经崩塌，但晚期帝王时代中的很多机制和特征都通过日耳曼民族的征服或复兴浪潮被欧洲大陆吸收。

因此，那些陆路、水路、机器、晚期罗马宗教、城市形态，都在中世纪时期随罗马法一同逐渐被重塑了。欧洲大部分地区变成了一个全新的、罗马式的神圣罗马帝国。这份延承中两个特别的特征让我想起了在中国，蒙古族和满族与中原地区的融合。

其中之一是，罗马承载的是一种城市文明。聚焦罗马和亚历山大等大城市，其特征是"文明"和"有礼"，这两个由罗马而来的词语便是城市的代名词。那些有学识、有权力、有资产的人倾向住在城市里，城市的高墙便是"文化"与"自然"之间、"高"与"低"之间的隔断。完全的人类精英和社会底层的农奴被分隔在城镇和乡村两地。

这种城市为本的哲学延续至今。城市是思想家、艺术家、顶尖的专家和统治者居住的地方，即使在乡村，他们也选取临时的宫殿或度假屋。如果有必要去削弱一支强大的贵族，他们会住在一个设防的大城堡中，去控制附近附庸的城镇。

这种城市是繁荣的居所，正如穿越欧洲北望，集聚着独立商人、艺术家和富裕且受过良好教育的资产阶级的巴黎、安特卫普或阿姆斯特丹。所有我们提到的这些，非常不同于那些类似拥挤版乡村的中国城市，它们只不过是有一些官吏和军队驻守在大卖场的要塞。

家族体制

约翰·哈伊纳尔（John Hajnal）认为，欧洲在家族体制上有很大分歧，特别是在适婚年龄和结婚普遍程度上。那些住在意大利西北部的里雅斯特到俄罗斯圣彼得堡一线以西的人，展现出了一种西欧模式，而住在这条线以东的人则表现出另一种形态。住在西边的人结婚较晚（通常在25岁左右），并且对是否结婚有自己的选择（近四分之一的女性不婚）；在东边，人们往往在青少年时期结婚，而且几乎所有的女性都会结婚。

地中海南北部在家族体制的其他方面也非常不同，南方家庭中父母与子女的关系非常紧密，而北方就较为松散。

虽然欧洲内部存在深刻的差异，但同样值得关注的是，欧洲和中国在家庭、国家和社会的阐述上有两个明显的相似之处，当然也存在差异。

在一方面，由于除了一些相对独立的小地区（如巴尔干），一个人的血脉是从欧洲男女开始追溯的，没有中国的氏族，没有祠堂，没有氏族村落，没有关系紧密的血亲群体。

所以，欧洲大陆的人在很多方面与中国人不同，不会将亲属关系作为他们基本联结或组织的原则。亲属关系主导着中国人大部分的生活，决定了他们的婚姻、职业选择、政治倾向，以及能否获得祖先的祝福。欧洲并不是很重视这一点，虽然他们在某段时期以及某些地区也会重视这些。例如，在意大利南部和西西里岛的黑手党地区，或巴尔干的血亲复仇，再或是直到1745年之前的苏格兰高地，都有像中国人那样紧密的血缘关系。

因此，欧洲和中国在家族结构和对家族的理解上有很大差异。在欧洲，家族的力量会被强大的宗教、发达的经济和城镇、强势的领主和统治者所限制。

在另一方面，如果我们观察中国、欧洲和日本、英语圈的家族体系，便会发现中、欧在一些方面有明显的相似性，让这两片大陆都极不同于它们邻近的岛屿。

在欧洲和中国，父权很强大，并且就此诞生的家族会将这一社会生活的基础延续下去。我们可以从欧洲和中国法律体系中很容易地看到这一点。中、欧的法律体系赋予家长极大的权力，直到最近，这种权力才被家庭资产中孩子的生命权所平衡。家长拥有父权制赋予的权力，并且应该终身得到尊重和支持。子女可能会在生理上离开，但永远不会在心理上脱离自己的父母。这是一种与日本和英语世界完全不同的形态。

教 育

在社会和经济之间缔造隔阂、对"亲属关系原子"（在英语文化圈部分中会有更充分讨论）造成根本破坏的是教育体系。在法国，荷兰或比利时的学校，教育的功用被视为心理培训和伦理咨询。学校不能带你从家庭走向更广阔的社会。同时这也并不是让一个人在政治、社会、经济和宗教上"脱离"父母的手段。

从这方面来看，父权绝对而不可撼动的儒家学说是与之相似的。教育可以提供家庭之外的技能培训，是一个家族向上流动的工具。这便意味着横亘欧洲大陆，大多数孩子都处于原生家庭的影响之下，特别是父母和兄弟姐妹。即便在结婚之后，他们也不会真正地完全独立。如果我们把完全的个人主义现代化看作是经济、社会、政治和宗教最终分离的一种状态，个体可以不受家庭控制，"自由"地按照自己的意志行事，那么布鲁诺·拉图尔（Bruno Latour）写的《我们从未现代过》（*We Have Never Been Modern*）便是对的（但仅限于欧洲体系）。

欧洲大陆仍然处于多国相嵌的状态下，其好处是他们温暖、意义深远、相互支持；而坏处便是他们需要保持一致，只有部分的自由。他们生活在一个更可能发生腐败的世界里（裙带关系、黑手党、家族渗入其他领域）。

他们生活在一个等级制的世界里，有上帝、耶稣、圣母玛利亚和守护神。宗教守护神与家族有一样的秩序。如托克维尔所说，他们生活在一个以职业划分的种性世界中，很多中产阶级通过其作为律师、商人、教师或医生的职业来在几个世纪中保持他们的地位。他们生活在一个精英教育渠道不对所有人开放的世界。

欧洲大陆民族太瞻顾家庭的表达，常常使外来者感到震惊。如同中国一样，很多大陆家庭都会通过大型聚餐来传递家庭的温暖，与家人共享食物非常重要。在家族中的"我们"——那些被接纳被信任的人，和作为陌生人甚至同事的"他们"——那些不被信任或不被接纳的人之间强烈的界线，被很多外来者所感知。

正如爱德华·班菲尔德（Edward Banfield）在南欧所指出的那样，"非道德性家庭主义"（表现为道德生活束缚了家庭）是一种极端的形式，以地中海为中心的"荣耀与耻辱"中的男性沙文主义和对女性贞洁的保护，是其中的另一方面。这种强烈的家族感暗示是苏格兰高地或爱尔兰南部所熟悉的，与我们大部分人在英语圈的体验不同。

结构文明

中国被认为是一种结构文明。这基于人与人、物与物之间的关系，如黑与白、男性和女性、阴与阳。在日本，所有这些概念的意义都基于关系当中，而非具体的物。

虽然不是极其相似，但中国文明与印欧文明在家族上有一定的相似性。长期以来，印度可以被认为是一种结构化的文明，基于种性、性别、纯洁与否的对立和联结。从法国早期到克洛德·列维-斯特劳斯（Claude Lévi-Strauss）、罗兰·巴特（Roland Barthes）和米歇尔·福柯等现代结构主义者，就有一种与英语文化圈传统全然不同的思维方式，与英国学者托马斯·霍布斯（Thomas Hobbes）、约翰·洛克（John Locke），甚至德国学者马克斯·韦伯都有很大的差异。

罗曼族语言中的性别对立，男性和女性，优等和劣等，结构化的、基于社会地位的法律体系，甚至可能是笛卡尔哲学，都让我惊觉欧洲非常不同于那种稳定的实证主义、个人主义的英语圈——那个养育我的地方。

如果我们把所有国家放在一个连续统一体中，那么日本是完全结构主义性质的，中国的结构主义倾向非常强烈但并不完整，法国的结构主义者很清楚地知道这一点。欧洲将结构主义和其他模式结合起来从而达成平衡，而英语圈通常是纯粹的个人主义崇拜，而非结构主义。

第一章 四种文明

壮丽的文化

对欧洲的简要概述,有时似乎会展现出一幅相对消极的图景。这确有一些缘由为欧洲中心论太过傲慢的观点留有余地。同时,过早的期望也导致了后续的失望。不间断的战争、饥荒、瘟疫给欧洲带来惨痛的悲剧。欧洲帝国主义对诸多世外桃源的破坏令人惊骇。排挤、迫害、奴役和专政也都曾存在。确实,欧洲有很多的负面特点。

但是,我们值得去为上述这些负面特点找到一些平衡,在当前欧洲面临分裂、移民潮和相对停滞的经济时所产生的焦虑和不确定,同样也可能带来对于那种失望情绪的修正。太快掩埋欧洲的成就是不对的,因为在很多方面欧洲都是出众的。

近千年来,无论在人类辛勤耕耘的哪个领域,欧洲都作出了惊人的贡献。从西班牙出发到意大利,从法国到德国,穿过东欧和北欧,我们会为各种建筑、雕塑和绘画以及美丽的物质遗产所震撼。毋庸置疑,从乔托·迪邦多内(Giotto di Bondone)到达·芬奇再到毕加索,欧洲贡献了很多伟大画作。

毫无疑问,从克劳迪奥·蒙特威尔第(Claudio Monteverdi)到巴赫和莫扎特,直到20世纪,很多杰出音乐家也诞生于欧洲。同样无可辩驳的是,几乎所有最伟大的哲学家和社会科学家,从孟德斯鸠到马克斯·韦伯以及他们前后太多人都来自欧洲。

在几乎所有人类活动的分支里，无论对于那些让世界发生翻天覆地变化的伟大运动中被铭记的个体，尤其是文艺复兴和科学革命中的那些个体；还是对于建造了壮丽的大教堂、城堡、宫殿、道路和庄园而没有青史留名的人们，欧洲都几乎成了世界上已知的伟大的艺术和智慧的中心。

从10世纪开始，欧洲在那个财富增长时期成了一个交互式网络或者系统，并成了一个创新实验室。欧洲首先吸纳了古老东方思想的伟大遗产，同时还接纳了亚洲尤其是中国的杰出发明。作为一个被海洋包围的文明，从15世纪开始，欧洲就从新世界的发现中引进了很多思想和原材料。

无论是在哲学、艺术上的突破，还是战争与和平的新技术，欧洲在各个领域都有出众的表现。欧洲因此得以保持动力，并在16世纪发展成一个在各个领域开放探索的新世界。

尽管欧洲如我所说在之后的几个世纪失去了一些平衡和创造力，但它的遗产持续在欧洲以及世界各地延续。日本和中国甚至英国和美国的科技和时尚，都大量根植于欧洲世界。在当今中国的大型百货商场走一圈，会发现很多欧洲的时尚商品，同时外面还停着德国产的汽车。可以肯定的是，没有欧洲的创造力和驱动力就不会有英语文化圈的存在。因此，即便我将英国及其所影响的文化视为半孤立状态，我们也应当记得的是，在18世纪之前，几乎所有的英国创造都最终以欧洲为范本发生改变。

同样值得注意的是，在很大程度上欧洲的思想和科技并不囿于其边界，路上和海上丝绸之路的畅通给欧洲带来了更多的灵感。几千年来，也正是这两条道路将世界融为了一体。

回顾我自己的生活和经历，我发现即使被教育成"英国人"，但我在欧洲、尼泊尔、印度、日本和中国的旅行不断地提醒着我，所谓的"英式"正是世界各地矛盾的集合。

起源的冲突

由于很多方面的原因，对欧洲历史的探讨总处于一种潜在的紧张状态。欧洲有两种关于起源的争论，不像其他文明是统一的。早期的起源观点是几千年前的希腊罗马文明为后期的发展奠定了基础。然而，这种奠基式起源论最终被打破，并与其他完全不同的文明混为一体，这便是日耳曼游牧民族，他们推翻罗马帝国，后来又掀起了斯拉夫民族和蒙古族的战争。

伟大的罗马文明（吸收了希腊文化）覆盖了大多我们认为属于欧洲的区域。然而，在它崩塌后，道路、架桥、城市和农庄都逐渐消逝。罗马晚期的政治和法律体系似乎走向瓦解，甚至语言也被取代，新传统和新技术随之而来。但是这样的文明起源观点并没有完全忽视来自日耳曼森林的军队。

所以欧洲在两个起源学说中不断摇摆。几个世纪以来，罗马帝国都是一种集权的统一体,接着是在18世纪的专制时代,然后便是1917年到1945年之间。另外,这个富有多样性、多语言、竞争性强、自由和创造力充沛的欧洲源于日耳曼和其他民族的入侵浪潮。他们将不同的文化结合起来,提供了我们所沉醉于其中的大部分音乐、画作、哲学和食物。

更广阔的欧洲文化圈

即使亨廷顿把南美和中美文明分割来看,我也始终认为挖掘其中会更显深意,就像我们放眼更大的英语圈一样,我们也应将欧洲大陆和欧洲圈拓展来看。这也同样较小程度地适用于非洲、东南亚等欧洲以前的其他殖民地。但就目前而言,我只把自己限于中南美洲的西班牙裔地区。

在大部分中南美洲国家,如果我们用"欧洲"的四重标准来衡量——种族、语言、宗教和社会结构,大多数人都基本符合"欧洲人"的范畴。

在种族方面,由于西班牙裔的入侵,阿兹特克和印加帝国以及其他土著民族有四分之三的居民都死于战争、饥荒和疾病,这是他们最初遭到的破坏。因此,这里主要的种族有高加索人,当然,还有大量的混血或梅斯蒂索人——高加索居民与当地美洲印第安人的结合,之后便有非洲人涌入。

在语言方面,即便在中南美洲的小部分地区使用美洲印第安语和混合的克里奥尔语,还有一小部分使用德语、英语或其他殖民力量的语言，但这里的主要语言是西班牙语和葡萄牙语。

在宗教方面，以罗马天主教分支的基督教为主导，在宗教裁判所的帮助下，以欧洲大陆为文化中心进行传播。同样，它也夹杂着美洲印第安的原始信仰和非洲传统，而且五旬节新基督教派也逐渐增多。

最后，在社会分层和法律方面，以地位为核心的法律被广泛应用。它认可男性优于女性，贵族血统优于平民血统，白人优于有色人种。因此，从广义上来讲，托克维尔用"种性"社会来描绘原生的差异。一个受过良好教育的精英在传统上往往被大量农民所簇拥。在整个欧洲我们都可以看到"伟大"与"渺小"之间，曲高和寡与大众流行之间的对立传统。即便在今天，这种文化也是显而易见的。

很多其他的文化和结构特征都与欧陆有重叠的部分，特别是伊比利亚半岛，因此在那里我们发现了许多西班牙与葡萄牙文化的印迹。这些地方对城市的青睐、社会规范、中央极权、官僚主义、审美风格、幽默感以及男女之间的差异，都受到了上文我所提及的欧洲大陆模式的深刻影响。

我意识到自己对欧洲的研究有些不平衡，因为我的太多注意力都囿于西欧，即基本上集中在1945年至1991年被"铁幕演说"分割的欧洲的一半。正如诺曼·戴维斯（Norman Davies）在他绵长而庞杂的《欧洲史》（*Europe: A History*）中所展现的那样，观察欧洲的正确方法应该是至少将视野延展到俄罗斯中西部的乌拉尔山脉。事实上，在欧洲四重标准的图纸上，我们的视线所及将穿过俄罗斯东部，直至中国的边境线上。

如戴维斯描述的那样，我的西方中心视角由很多原因造成——特别是冷战与东方的割裂与中学和大学里关于"欧洲"的教育。这同样反映在我游历欧洲大陆的方式上。我的大部分旅行都在西部，直到最近我才到访了波兰、匈牙利、捷克、斯洛伐克和斯洛文尼亚，但依旧没有行至俄罗斯、波罗的海国家或乌克兰。我从未直接接触到斯拉夫语、突厥语、匈牙利语或更远的东方，再或是俄罗斯的东正教。

因此，我自己的偏见反映了非常真实的断带，这样的割裂促使亨廷顿专注研究东西方差异，并且将他所谓的"东正教"文明从传统的"西方"分离开来。除了承认数千年以来欧亚边界的中枢位置、深刻意义和团结统一，近期彼得·弗兰科潘（Peter Frankopan）在《丝绸之路》（*The Silk Roads*）中将自己放置在东欧和中亚，并以此为优势去观察东西方和南方，这是我无法触及的。

显然，不同的家庭制度、语言形态、经济发展、政治制度、宗教形态，使得东西欧在普遍共同的传统中显现出多方面的差异。所以，我们处于一个难以言说的境况，我们不能跟随亨廷顿让东正教成为一个独立的文明，但我们也不能轻易地将中欧和西欧完全融合起来。

第四节　英语文化圈

我与包括父母和祖父母在内的祖先一样，出生于大英帝国的偏远殖民地（阿萨姆），在年幼时（5岁）被送回英国"家乡"去学习如何成为一名英国人。我要学习英国的历史、风俗和文化，以确保我获得相应身份的认同。若不是我在上学时经历了大英帝国的覆灭，我的子孙很可能还会重复这种"移民再回归"的模式。

从阿萨姆回到英国后的20年，我25岁在牛津毕业、拿到博士学位并结婚，这一过程就像一场"参与观察"式的田野调查，学着去理解我们自己的社会和文化。在历史、文学、艺术和语言课程中，以及寄宿学校的游戏、爱好、友谊、宿舍、学习小组和学院制中，我学到了必要的技能，养成了根深蒂固的习惯，这将使我在更广阔的英语世界中能做一个有用之人。在这个过程的最后，那些正式或非正式的学习方式变成了骑车、游泳等活动,由此来内化一些东西,如此自然,我甚至意识不到这是一种训练。最终,我会认为本国的文明是一种常态,不需要任何存在的理由,而所有其他文明,从欧洲大陆开始延伸到世界其他地方,都是异化的、可能有些奇怪,不及我们的文明这么伟大。

在内部直觉层面上,我们很难把熟悉的事物陌生化来理解。正如R. H. 托尼(R. H. Tawney)[①]所言:"英国人对英国事知之甚少。"

这是一个很大的问题,因为不论我去哪里,都会自豪地发现英语文化圈的影响无处不在,因此人们往往对我认为理所当然的事物也是认同的。

什么是英语文化圈?

在对文明的分类中,亨廷顿把整个西欧和前大英帝国都归为"西方",这对于世界上大多数人来说似乎没什么问题。然而,当我开始研究英国,随后访问美国和澳大利亚,观察前欧洲帝国领土不同部分的特征时,我意识到,将"西方"分割成英国地区及英国人创造的地区、英语文化圈和欧洲文化圈、留有帝国遗迹的地区,会更有助于梳理和理解。

---

① R. H. 托尼(1880—1962),英国著名经济学家、历史学家、社会批评家。代表作有《16世纪的土地问题》《贪婪的社会》《宗教与资本主义的兴起》《中国的土地和劳动》等。——译者注

尤其是在拉丁美洲、非洲和东南亚的部分地区。

克劳迪奥·维利兹（Claudio Veliz）在《哥特狐狸的新世界》(*The New World of the Gothic Fox*) 一书中勾勒的中南美洲与英语主导的北美洲之间的区别，使我对文明之间的巨大差异有了初步的感知。这种感知在阅读詹姆斯·贝内特的《英语文化圈的挑战》时再度深化。

鉴于这个概念对很多读者来说也许比较陌生，我在下文中引用了贝内特在《英语文化圈入门》("An Anglosphere Primer") 中对于"英语文化圈"的阐释。

这一术语，可以简单地定义为一组讲英语、践行普通法的民族和国家，它涵盖的范围远不止将英语作为第一或第二语言的人。要成为英语文化圈的一部分，就需要遵守构成英语文化圈的核心基本习俗和价值观。其中包括个人主义、法治、契约精神，以及将自由置于政治和文化价值的首位。

包括英国在内的英语文化圈国家有着共同的历史叙事，奉行《大宪章》《权利法案》，诸如陪审团审判、无罪推定、"一个人的家就是他的城堡"和"一个人的诺言就是他的保证书"等普通法原则也被认为是理所当然的。因此，用英语交流或做生意的人和社群不一定是英语文化圈的一部分，除非他们的文化价值观也曾被讲英语的历史文明所塑造。

◎◎◎◎

1793年，乾隆皇帝打发走在他看来无关紧要的来自英国的乔治·马戛尔尼（George Macartney）时，他认为派这个代表团来到中国的国家只是一个小小的、遥远的岛屿。在当时，这种想法是情有可原的。相较于几个世纪以来一直往中国派送商人和传教士的欧洲列强，英国像一个缩小的、不太引人注目的版本。半个世纪后，乾隆皇帝无法预料的是，这个小国家会在两场战争中打败中国，并对其施加羞辱性的停战条件。

日本的主岛和离岛几乎孕育保留了另一个世界，方方面面都与它的邻国中国相去甚远。将英国与欧洲大陆视作等同，就像认为中国和日本近乎相仿一样，是个大错误。我们已经看到，在文化相似的外衣下，日本渐渐发展得更像现代的加拉帕戈斯群岛，动植物几乎与中国完全不同。许多人不曾意识到的是，同样的事情也发生在欧亚大陆彼端的一个岛屿上，也就是英国。

我将简要证明这些差异，并解释英国是如何在仅与欧洲大陆相隔一条比日本海还狭窄的英吉利海峡的情况下，发展出另一个世界，并将其与其他欧洲邻国的差异隐藏在共同的基督教遗产、高加索种族和印欧语系的外衣之下。

英国尤其是英格兰的特殊性发展，意义远大于将它限制在欧亚大陆西端几百万人口的小岛上。这是因为英国发展了一整套制度和结构，在许多方面与"现代性"同义，即市场资本主义、工业化、科学、民主、法治和开放的社会结构。

英国的发展带来的影响被两个历史事件放大。其一是英国的制度迅速扩张，占据了历史上最大帝国——大英帝国的版图，覆盖了世界上大约四分之一的土地和人口。澳大利亚、加拿大、印度，以及其他许多国家，至今仍受到英国很多的特殊影响。其中许多国家在独立后决定继续保持英联邦成员的身份，这在历史上是一个非常不寻常的选择。其二是受英语文化圈影响而建立的前殖民地，后来成了美利坚合众国。

北美洲与英语文化圈

如托克维尔在19世纪初描述的那样，美国是一个很容易理解的国家。美国的原住民被屠杀殆尽，因此美国没有真正的历史。这个国家是由托马斯·杰斐逊等人通过启蒙思想家约翰·洛克与孟德斯鸠设计的蓝图建造的。这幅蓝图被封装在《独立宣言》《人权宣言》和《宪法》之中，奉行的是英国历经几个世纪孵化出的核心原则。

在英国，普通法制度中的条例充分保障了个体权益以及对财富的追求，美国的法律体系也很大程度上保留了这些特点。在议会中，有专门代表权力阶层（富人、男性和白人）的代表团。在美国，所有主体和公民生来就享有"生命、自由和追求幸福"的权利。宗教和政治是分离的。清教的神父将虔诚的基督教信仰广泛传播。新教的信仰被视为私人事务，不与国家的运行产生直接关系。本质上说，美国试图确定现代性的精髓，即在政治、经济、意识形态和社会等方面做到正式、明确的分离。

教育是确保每个独立的个体都能适应权力分离的世界的一种途径。托克维尔发现，美国的年轻人与他的法国那些家庭主义、不成熟、不独立的同龄孩子相比，是那么的早熟、独立、自信且讲道理。法律、语言、基本政治制度、金融制度、一部分游戏和幽默、家庭制度、社会的高度流动性以及种姓制度的缺失等英国的特质都被带到了美国。

所有这些从英国带来的特质都被放大了，并且变得更加极端，因为这一体系是全新的，没有继承原本制度的内部平衡。它更加个人主义，更具竞争性，更激烈，更看中赚钱和获得经济上的成功。特别是美国放弃了将王室和议会分离的君主立宪制，把总统变成了仪式上、政治上和军事上的领袖。这一体制避免了高度分层的英国阶级制度带来的许多社会差异。

每个人生来都是自由平等的——除了数百万奴隶，特别是南方的奴隶，他们的存在破坏了托克维尔观察到的理想化的事物。直到半个世纪前，他们才在宪法和法律上获得平等的权利。因此，在美国没有英国那样的世袭贵族，没有贵族或正式的绅士，财富和人才才是真正重要的。从"木屋到白宫"就相当于美国版的狄克·惠廷顿（Dick Whittington），他和他的猫从乡下出发，最后当上了伦敦市长。只不过，美国版的"大飞跃"甚至超过英国。

维利兹《哥特狐狸的新世界》里有一章名为"英国制造

的世界"。维利兹提到，如果一个火星游客要造访我们的星球，他很可能会相信这个星球是由一个英国人设计的。世界语言是英语；世界广泛复制的政治制度是英国的；主要的金融制度也是英式的；市场资本主义制度是在英国发明的；世界上的休闲娱乐以英语游戏为主导；许多民间社会机构，从俱乐部到各种协会起源于英国；美国和欧洲沿用的法律体系也源自英国；大多数现代财富产生的基础、工业化和碳燃料能源是英国人发明的；从牛顿到弗朗西斯·克里克（Francis Crick）再到詹姆斯·沃森（James Watson），许多现代的知识都来源自英国；英国的教育体系和顶尖的学府已经成为典范，在全世界范围内被广泛借鉴和沿用。

以上所陈述的一切都是真实的，对于一个向外看的人来说，认识到这一点很重要：无论是看汽车还是汉堡、研究法律还是个人权利所扮演的角色，抑或阅读的诗歌、小说和戏剧，还是对游戏和文化产生兴趣，所使用的方式和途径都源于英国这座奇特的小岛。

高等文化

令我印象深刻的是，与中国和欧洲相比，英语文化圈的艺术传承有些奇怪的扭曲。如果你想要看伟大的绘画作品，你会想到中国或者是欧洲大陆，极少有一流的艺术家来自英语文化圈。建筑方面要好一些，但雕塑和其他形式的铸造并没有得到很好的发展。

在音乐方面，英语文化圈也只能算作一个次要的演奏者。尤其是与德国和奥地利相比，从巴赫到瓦格纳，世界上四分之三的伟大古典音乐家都来自这两个国家。唯一一个在英国创作音乐的大人物乔治·亨德尔（George Handel）则是德国人，他出生于自己的祖国。因此，在谈及西方的造型和表现艺术时，中国人会在英语文化圈之外寻找风格和辉煌，就像他们会在欧洲大陆上找到最繁复绝妙的时尚、美食和美酒一样。

不过，英语文化圈在某个领域也有过人之处，那便是文学和哲学领域。英语文学的地位是无可争辩的。即便只考虑到英语作为一种语言的主导地位，也不难维持这样一种观点——西方世界四分之三的伟大诗人，从莎士比亚到T. S. 艾略特（T. S. Eliot），都来自英语文化圈。同样的，英语小说作家，从奥斯汀到狄更斯，都是世界级水平。我经常思考，为什么英国在造型与视觉艺术方面没有那么杰出的成就。英国人应该在这些领域有天然优势，应该在哲学、论文写作、侦探小说和撰写鬼故事等方面产出更多杰作。

毫无疑问，英语本身的特质使其格外适合诗歌和散文写作。英语作为一种语言，既灵活又精确，能够不断变化，适于书写典故隐喻，描绘奇思妙想，有韵律亦给人以萦绕心头的感觉。英语给人的印象总是与莎士比亚和詹姆士国王的圣经译本紧密相连，它的舞台和思想在过去的五百年间持续不断地发出回响。

如今，在世界上最富有创意的电影、电视、讽刺作品和舞台上，它不断地向新领域探索拓展。不过，英语的成就不是仅仅依靠语言本身的特质带来的好运和其早期的辉煌。成功的英语文学作品，首先要有引人入胜的语句，其次必须贴合一些经受得住时间考验，至今仍能引发共鸣的主题。从诗歌和小说到儿童文学，要检验这些，就要关注这篇作品中上述两个核心问题。当我们这样做的时候，会发现这些作品的主题都很现代，与我们今天的生活息息相关。

爱与孤独

说到这个话题，其中要探讨的一点就与"爱之痛"有关。超过四分之三的经典英文诗歌、戏剧和小说都与浪漫的爱情，找到"渴望的另一半"，与之结合或可能失去他（她）有关。为什么这一主题如此重要？

如果拿传统中国来说，其奉行的儒家思想虽然没有排除爱情，却不认为爱是婚姻的基础，其他大多数文明也是如此。中国的婚姻制度并不是建立在两个人之间平等、有约束力的爱的基础上。英国的婚姻制度对于两个人而言，是他们一生中最强大的结合，甚至比与父母或子女关系更重要。这样的夫妻关系特权在中国的传统观念中是不道德、自私的，还会侵蚀严格的等级制度。它是不理性的，基于奇怪、不可靠的感觉而不是逻辑。离开一直以来依赖着的生养你的安全之地，去找寻一个伴侣，与一个完全陌生的人坠入爱河，无论这意味着什么，并希望在余生对那位伴侣保持忠诚。这听起来太疯狂了。

然而，自盎格鲁-撒克逊时代开始，英国人就是这样做的。英国的家庭制度一直以夫妻之爱为核心。一个英国的儿童会在8岁到14岁时，以仆人、学徒、学童的身份离开家，从此和陌生人一起生活。他们会失去与父母的深厚联系，遇到一个完全陌生的人，决定与之相爱，由此产生新的结合来弥补失去的与父母之间的亲密联系。婚姻意味着身体、灵魂与心灵的结合。

关于"浪漫爱情"由哪里开始和如何开始，有人追溯到中世纪法国的剧团。当然，可能有很多种起源，而且在所有的社会中都能找到形式浪漫的爱情。我在尼泊尔的一个偏远山村中，也曾见过男孩和女孩一起歌唱、调情，有时也为爱私奔。

不过，我们有理由相信，作为一个将爱情与婚姻联系起来并由此塑造所有家庭关系的制度体系，"浪漫爱情情结"即使不是英国人发明的，也是在英国逐渐发展起来的。当然，爱情十分古老，且一千多年来变化不大。它完全符合这样一个体系：使父母和子女分离，让孩子进入更广阔的"社会流"中，独立参与更广泛的经济、政治、宗教和社会世界，而不是囿于以原生家庭为基础的小世界。

因此，一股与爱情有关的力量通过广告、营销、艺术和娱乐在全球掀起浪潮。这挑战了大多数文明中亲子关系至上的原则。爱情至上的婚姻制度需要理解为从垂直（父母到孩子）到水平（丈夫到妻子）家庭结构的基本转变的一部分。英语文化圈由一些像分子一样的个体所构成，这些个体很早就脱离了原生家庭，并"自由"地以他们个人认为最好的方式行动。

这一制度的优势体现在每个个体拥有的人权，以及他们的民主"自由"。法律面前一切平等，年轻人和老年人、男人和女人之间都异常平等，宗教自由，某种程度上言论也自由。这一切都是在"自由和平等"的旗帜下进行的。自由相爱，将伴侣置于父母甚至子女之前的权利也是其中的一部分。

代价也是有的。大卫·理斯曼（David Riesman）提出的"孤独的人群"，指的是在这样一个世界里，每个人最终都是孑然一身，就像鲁滨逊·克鲁索①的孤岛，虽然他作为一个人完整无缺，却完全与其他人分离开来。

当然，在爱情或友情之中，也有机会在与另一个人相比照的时候敞开心扉，重新变得完整。诗人约翰·邓恩（John Donne）所说的"孤独的缺陷"，是由"爱"操控的。邓恩在另一著名诗篇中写道，"没有人是一座孤岛"，即使我们

---

① 《鲁滨逊漂流记》中的人物。——译者注

加入的"大陆"也是另一个通过爱而被选中的人。

这种情感特征的中心性是英语文化圈的核心，这使其大大区别于传统中国或印度，也与欧洲大陆上的许多家庭制国家产生了差异。这甚至与日本的案例也不相同，虽然表面上看起来两种文明中呈现出来的孤独和分离十分类似。只不过，日本的"龙虾罐"太小了，不能接纳陌生人——已婚的伴侣可能会成为朋友，但始终是陌生人。

友谊与俱乐部

英语文化圈的另一个特点是非家庭友谊的重要性。在任何其他伟大文明中，个人从原生家庭进入更广泛社会的运动通常都不会以这种方式，而是通过社会化和教育机制来发生。这就意味着，一个结婚的人会拥有一个"已婚的朋友"，一个可以分享一切的特殊伙伴。

大多数人在一生中的大部分时间里也会与其他人发展出友谊，他们喜欢与之共度时光，分享资源和人脉，参与"团队活动"。这些在英语文化圈中非常重要。将英语文明称为"友谊"文明并非夸大其词。

在以家庭为基础的文明中，例如古代中国和欧洲大陆，一个人的一生中绝大部分接触、信任和一起工作的重要人物，都与血缘或婚姻有关。

日本人为的亲属关系和英语文化圈分裂的家庭关系，必须建立其他原则来让人们建立联系，使人们能够实现他们的目标。

在日本，人们创建了具有家庭感的团体——企业、制造业、农场，虽然其成员不是血亲或姻亲关系。日本的大公司和小商店都像家族企业一样——里面的人们共同承担责任、相互信任、共享资源、紧密合作。在英语文化圈，家庭情感的延伸并不强烈，除非通过婚姻把陌生人变成自己内心深处的一员——结婚的朋友。

友谊也需要平衡。在欧洲，尤其是在地中海国家或印度贾吉曼尼（恩庇侍从）体系这种任人唯亲的制度中，社会等级关系反映在宗教、守护圣徒、圣母玛利亚之中。他们充当保护者，让个人接触资源，并保护他们免受威胁。

除非以一种更为温和的形式出现，上述这样的体系几乎不存在于英语文化圈中。相反，孩子们进入社会并与陌生人相识，与其中一些人成为"朋友"，找到一些共同的热情或生活态度。朋友可能不会提供太多经济或政治支持，友谊在这种情境下更多地意味着社会和文化属性的亲密关系，这使许多人的生活有了很大的意义。"工具性"友谊是利用朋友来实现实际的目标，往往会破坏真正的友谊。

除此之外，构成友谊的前提通常是结社主义。托克维尔指出，想要了解美国，一个关键是去理解其非亲属性质的协会、俱乐部等团体，个体通过这些团体能够实现凭一己之力无法实现的事情。从宗教到经济、政治文化活动，几乎所有事情都是与另一个非相关的个人或一组相关联的个人一起完成的。相较于起源地英国，强调平等和个人主义的美国更看重这一点。在此之前，这种结社关系在英国已经发展了几个世纪。

从盎格鲁-撒克逊时代开始，就已经出现了正式的法律和非正式的社会习俗，使得每个人都能通过与他人结社的方式克服因分离所致的个体无能。有些团体和组织的存在方式就像一个"人造人"，拥有自己的个性甚至是财产。

这一点最直观地体现在了俱乐部的概念上。17世纪，英国的公民社会群体正在大幅增长，为英国对美国的塑造奠定了基础，这也正是托克维尔声称的开放经济和平衡民主的基础。

法律允许建立近似于人的人造实体，允许它拥有名字、持有财产的权利、行为准则、多样化的资产。这一"人造实体"由一群自愿加入该组织的个体组成，他们结社并非基于血缘或婚姻，而是基于其他原因——功勋、能力、兴趣、实用价值。

这种组织结构为世界上大多数团体赛事有组织地发展奠定了基础，其中最著名的便是足球和板球，也包括从登山到田径在内的一切团体运动。它也是大多数早期慈善组织成立的基础。它对科学、英国皇家学会和英国国家学术院、剧院和博物馆、工人俱乐部和工会的势力发展起到一定的限制作用，为教育、男童子军和女童子军的发展奠定了基础。

第一章　四种文明

当然，在所有文明中，人们都为了各种目的联结在一起。然而，通常情况下，当这种联系变得过分强大时，国家会以怀疑的目光审视它，甚至试图摧毁它。托马斯·霍布斯在《利维坦》(Leviathan)中将组织团体称为"肠道蠕虫"，他认为信托机构正在像蠕虫一样在王室统治者的胃部肆虐吞食，警告统治者要将其粉碎。

被国家禁止后，这些组织倾向于地下化发展，被定义为罪犯并与国家开战，比如西西里的黑手党以及其他许多文明中被称为土匪强盗的组织。一个奇怪之处是，总体来说，除了边缘地带或移民群体，英语文化圈几乎没有发展出这种"黑色"的社团文化。

总的来说，在很多文明中，"国家"都是令普通人恐惧与憎恶的存在，统治者通过军队和武装警力控制国家，打压一切企图挑战统治权威的组织或个体。在英语文化圈，虽然人们也会抱怨，但大体来说政府很保护公民社会，公众感觉到自己的意愿能在国家决策层面有所体现，这意味着上文提到的对抗和分歧相对弱一些。总体来说，政府、警察、法律都是"我们"的一部分，站在"我们"的立场上，从某种程度上来说对"我们"负责。

普通法是陪审团通过允许同伴而不是国家定罪从而保护个人的法律制度。今天在英国，几乎所有的刑事案件都由普通、自愿和无报酬的治安官处理，他们本身也是作为治安官的公众。这再一次保护了个人，使之免受强权的侵害。

105

腐败与其影响

另外，在不存在强大的阶级或种姓，且从前那些古老的、强大的宗族如今也被粉碎的情况下，为了与他人合作，每天都会有新方法产生。在中国，一个西方人很难理解的现象就是所谓的"关系"，因为它不符合西方人熟悉的"资助"或"友谊"的原型模式。西方语境下的关系是经过精心选择、往往是长期的互利关系，有时还掺杂着一种情感上的欣赏。它应该是平衡的，而不是一种公然大肆的剥削性关系。这更类似于人类学家杰里米·博伊塞韦恩（Jeremy Boissevain）在他关于马耳他的著作中所描述的"朋友之友"。

西方世界的关系是一种能够相互联系、相互交流的网络。资源的控制者通过相互娱乐，以间接和变相的方式进行资源交换。系统允许这样的渠道存在，人们通过操纵它们来实现复杂的目标。当然风险也一直存在：如果关系好过了头，就有可能导致所谓的"腐败"，即将家庭、政治与经济混为一谈。这种隐患一直存在，而且被认为是许多文明的普遍现象。

谈到腐败问题，英语文化圈也有其独到之处，比如校友关系网（Old Boy Network）、收买政治恩惠、游说与政治分肥。然而，总的来说，在英语文化圈的居民看来，使家庭、政治和经济混为一谈并不容易实现，英语文明的现代性定义中，这些领域本来就是分离的。

童年与失去

让我们回到为什么英国创造了世界上优秀的诗歌、戏剧和童话的问题上。除了浪漫爱情的回旋曲之外，还有一个事实，那就是许多英国的文学作品都与"失去"有关。仿佛我们天然怀有一种对曾经存在的事物的记忆、一种完整的感觉。在一个人长大成人时，似乎这些记忆和感觉都消失了。

从埃德蒙·斯宾塞（Edmund Spenser）到形而上学的诗人，从亚历山大·蒲柏（Alexander Pope）和托马斯·格雷（Thomas Gray），再到阿尔弗雷德·丁尼生（Alfredlord Tennyson）和鲁伯特·布鲁克（Rupert Brooke），我们都能读到漫长的、悲伤的、挥之不去的告别。英国的儿童除了要面对失去父母之爱，还抱有一种深深的遗憾，一种对于逝去的童年经历，一个更有意义、精神上更丰富的世界的遗憾。即使那个世界如罗尔德·达尔（Roald Dahl）（他曾就读于传统的英国寄宿学校）的书中所述，在许多方面都不尽如人意，但当一个人离开那个世界时，仍会感觉失去了一些东西。

于这种情感最为人熟知的表达来自华兹华斯的诗作，但在此之前，也有许多伟大的文人以此为题：约翰·弥尔顿（John Milton）曾写下史诗般的《失乐园》（*Paradise Lost*），标题十分贴切；威廉·布莱克（William Blake）的诗歌作品，丁尼生的《悼念集》（*In Memoriam*）；当然，在叶芝的大部分诗作和T. S. 艾略特的《四个四重奏》(*Four Quartets*)中也有类似的表达。失去相互联系、不可分割的童年世界以及伴随它的魔法，是一件非常伤心的事。

这一主题在许多英语文化圈的文学作品中都有体现。从莎士比亚的《暴风雨》(*The Tempest*)和《仲夏夜之梦》(*A Midsummer Night's Dream*)到儿童文学，都能找到这类主题。从《爱丽丝梦游仙境》(*Alice in Wonderland*)到鲁迪亚德·吉卜林（Rudyard Kipling）的作品，从波特小姐（Helen Potter）的《彼得兔》(*Peter Rabbit*)到A. A. 米尔恩（A. A. Milne）的小熊维尼，再到詹姆斯·巴里（James Barrie）笔下永远不想长大的彼特·潘，从C. S. 刘易斯（C. S. Lewis）的《纳尼亚传奇》(*The Chronicles of Narnia*)到J. K. 罗琳（J. K. Rowling）笔下的霍格沃茨，所有这些作品中，都描绘了一个魔法世界，它位于单调无聊的成人世界之外，可以通过隧道、衣柜、九又四分之三号站台进入。在许多自传、小说作品如《萝西与苹果酒》(*Cider with Rosie*)中，也会看到唤起童年回忆的故事。

为何这个主题拥有如此强大的力量？让我们回归"现代性"去探寻一个简单的解释。英语文化圈的生活体验始于家庭的中心，被周围强烈的情感和一个不可分割的世界包围着。父母、兄弟姐妹和其他近亲在我们生活中占主导地位，我们的头脑和心灵是紧密相连的。这是一个没有独立政治、经济或社会权力的世界。它是一个充斥着神话和故事的景观，混杂了动物和人类、自然和文化、圣诞老人和牙仙、龙和恶魔、幻术和魔法。

这个部落式的、完整的世界，在许多方面与大多数人类几千年来居住的世界没有太大的不同，逐渐被现实生活侵蚀。你很小的时候就被教导要独立，要为自己的行为负责，要自己做决定，要与自己保持距离，要控制自己，要把你的生活分成不同的部分。学校会教这一点，社会制度也支持这一点。整个过程在约翰·洛克的《教育片论》(*Some Thoughts on Education*)中优雅地被概括出来，其实这一点在早前的英格兰就一直存在，在莎士比亚和早期英国作家的作品中也可以找到。

所以你必须学会做一个"理性"的人。当幻想继续留存在艺术、游戏、书籍和电视里的虚构世界，真实生活中你只能依靠自己。你成为孤岛上的鲁滨逊，除了上帝你没有其他伙伴。你可以通过爱和友谊来缓和这种孤独，但本质上英语文明是基于原子一样的独立个体而存在的。

正如马克斯·韦伯所说，在这种生活轨迹中，生活的意义发生了变化，一个现代的英语文化圈居民在某种程度上"幻想破灭"了，这一现象在伟大的文学作品中有所体现并不奇怪。诗人、小说家和童话作家都对此进行过描述。

奋斗与玩乐

作为一个"结构性"关系世界的一部分，与一个原子的、独立的、个人主义的文明完全对立，其结果的差异也是非常明显的。其中一个差异体现在将"和谐"与冲突对抗视为对立面的价值观。在我试图描绘的结构化文明中，特别是在中国，需要保持一种平衡。每一种关系和每个事件都有其对立的一面，因此儒家思想的中心是平衡、一致、共识、相互的责任，以及调解。

如果我把它与我在英语文化圈中得到的观察结果相比，我们会发现一些完全不同的东西。这一点是日本哲学家福泽谕吉在19世纪末试图将市场资本主义的核心概念转化为日本的新儒家思想时提出的。他将"自由市场"（Free Market）这一来自西方的词语释译成两个词，意为"竞争"和"奋斗"。福泽谕吉因为选择使用这样"不和平"的词语，受到上级的谴责，并被责令选择更和谐的词语来替换。他指出，战争、战斗和试图在一个比赛中击败对手正是"资本主义"的本质。如果把它变成"爱的互惠"，或"对家庭和皇帝的责任"，将完全失去意义。

西方经济学是以竞争为基础的。达尔文的"适者生存"世界可以被视作资本主义在动物王国的一种投射。市场准则在道德层面上是中立的，是最强大、最精明，也最有可能成功的。弱者和优柔寡断者则会被推向边缘。正如丁尼生的《哀歌》（Lament）中所说，在这样一种幻象中，大自然（包括人类）露出了"血色的爪牙"。

通过寄宿学校的教育方式，我在上学时就意识到了上述准则。我在学校里玩的那些粗暴、竞争性强的游戏，就是在教我如何在规则允许的范围内击败对手。我们学会了用弹珠、栗子（板栗游戏）、球以及手边能找到的任何东西来"战斗"。我们意识到，长大后我们也会用到其他不同的武器来作战。

从英语文化圈建立之初到伊拉克战争，再到现如今，英语文化圈一直处于军事战争之中。生活是一场永无止境的斗争，既是与自己的本能抗争，也是与他人对抗，正如我的两条校训所提醒的那样："Per Ardua ad Solem"（朝着太阳的方向努力）以及"Dura Virum Nutrix"（男子汉的严厉监护人）。

普通法制度讲求的是在民事和刑事法庭上以语言战斗、进攻式的辩驳对抗。政治也是对抗性的。福泽谕吉第一次访问英国的下议院时，为他所听到的激烈辩论感到震惊。然而，他也注意到，当人们从议院的"剧院"走出来时，那些曾经要威胁互相残杀的"敌人"，一起去酒吧友好地共饮。

福泽谕吉很快意识到，这场无休止的激烈对峙、试图打破和谐、导致分离并取得小小的胜利，事实上只是一场有规则的游戏比赛。"公平竞争"即尽可能努力争取暂时的胜利，制造不平等，在经济交易、法律案件、政治辩论或足球比赛中优胜劣汰，这一切都只是比赛。它并没有造成永久性的不平等。比赛结束后，不论是枕头大战、高尔夫俱乐部的比赛、股权或是议会的辩论，你们的友谊都有可能深化，相互尊重成了一种共识。

一直以来，我们可以在英国最伟大的作家莎士比亚的作品中找到这一点。莎士比亚戏剧的演员需要呈现一种对抗性的戏剧表演，这种对抗性同时也是受限且可控的。对于戏剧的主要表现形式"语言"来说，对抗性也非常重要。即使是体育比赛、团体运动或其他体育运动，同时也是一种心理竞赛。语言与幽默在大多数比赛中都很重要。

当回顾在学校的所学时，我惊讶地发现我们的教育对于幽默的学习重视程度非常之高。我在学校时经常参演吉尔伯特和沙利文、萧伯纳、奥斯卡·王尔德等幽默大师的音乐剧和话剧或莎士比亚的喜剧，也经常阅读约翰·德莱顿（John Dryden）和亚历山大·蒲柏的讽刺诗歌。我学会了如何运用不同的幽默形式——反语、讽刺、双关、夸张等。我发现，所有人都很容易受到具有讽刺意味的广播和电视节目的感染，比如《傻瓜秀》(The Goons)、《巨蟒剧团之飞翔的马戏团》(Monty Python's Flying Circus)、《老爸上战场》(Dad's Army)、《绅士联盟》(The League of Gentlemen) 以及《黑爵士》(Blackadder)。

幽默就像传说一样，是化解矛盾、冲突、痛苦和哀伤的一种方式。英国人素来以用妙语"你必须笑"来面对困境而闻名于世。他们手里经常端着一杯无处不在的茶，嘲笑希特勒和墨索里尼，嘲笑自己国家的君主、首相、纨绔子弟甚至是主教。最重要的是，他们还热爱自嘲。

因此，尽管这种幽默传到美国时有所改变，但它也同时"出口"到了印度和大英帝国影响下的其他地方。有人认为，除了工业制度、资本主义、英语文学、英式法律、比赛、英式民主之外，我们还应该把英式幽默和自嘲视为欧洲大陆边缘这一微不足道的岛屿所作出的最大贡献之一。幽默是一种有助于保持自由之火的方式，七十年前，欧洲其他地区的自由之火曾经被全部浇灭。

现代世界

我们可以把"现代"世界定义为这样一个世界：信仰、财富、社会和权力这四大力量在理论上被划分为离散的制度领域。它不是基于出生群体或基本关系存在的，它是个人主义的，而不是结构性的。它是由不同个体之间的持续竞争结合而成，但恰恰也是这种竞争，允许他们根据个人的选择组成强大的群体或协会。

这种现代性的一个决定性特征是它的不安定性。这种不安源于个体对于命运不确定性带来的安全感缺失和焦虑，无论何时，他们都无法知晓自己的命运，或得到救赎。然而，这个世界对于金钱无比痴迷，因为这是阶级地位唯一真正的标志和保障。它对大部分艺术漠不关心，品位庸俗。它奉行着清教主义，能够忍受孤独，这些特质也使得它在过去和现在一直保持强大。

在与更古老的儒学之中发展而来的东方文明、印度与佛教发源的印度文明、有着波斯商人与中东先知的伊斯兰文明、由希腊哲学家从罗马发展而来的欧洲文明相遇时,英语文明呈现出一种不同寻常、令人意想不到的新形式。没有人曾预料到这个狭小、潮湿、落后、偏僻的岛屿会创造出我们所在的现代世界的大部分事物。

五百年前,谁能想到这个小岛会为我们如今的全球网络制定包括从银行到工业,从文化、语言到游戏和协会在内的诸多国际交流条款呢?

第二章
文明的比较

第一节　贫与富

在旅行者和商人眼里，上海、东京、柏林和伦敦可能没什么不同。汽车、工厂、服装、食物、流行文化、电视节目、电脑和证券交易所看起来都差不多。让人很容易就认为它们一直以来就是这样的；也让人轻易地被带进一个认知陷阱——隐藏在每个物质文明世界背后的内在精神也是大同小异。

这可能大错特错。虽然在过去的三十年间世界的趋势是融合，但是我们去过的每一处地方，都是各种文明经过不同路径的汇合而成的。而它们的内在精神，在很多方面依然是不一样的。它们之所以成为今日之模样，是各种生态、地理、人口、科技因素以及政治、社会、智能和宗教系统相互作用的结果。

地理和生态学

地理也许是造成这些差异最深处的原因。河流、山脉、土壤和气候不会完全决定任何事情，但是它们会允许或者促进其中的某些特质。当我们一起观察许多文明的时候，很多事情会显现出来。一方面，像中国、中欧和部分中东地区这样拥有大面积平坦陆地的地区，它们陆地边界绵长而连海通道较少，因而往往容易产生帝国和集权政府来控制边界。外来入侵的威胁意味着中央政权可以逼迫他们的贵族和农民保持服从。

另一方面，在欧亚大陆两端相对的大型岛屿——日本和英国的土地上，发现两例特殊形式的分散权力模式也不是偶然。这种"封建专制中央集权"虽然有一个强势的中央政权，但是军事贵族也掌握着可以与之抗衡的强大力量。

托克维尔曾经描述过，那些没有强大陆地敌人的岛屿是如何在准民主的权力平衡下繁荣发展的，并且在他当时的描述里包括了北美。然而，这个岛屿必须足够大，像威尼斯或其他意大利的城邦那样的小岛，或即使是像其伟大时期过去后的荷兰，它们都会因为疆土的面积不够大而无法维持独立。

这种岛状结构还允许一个文明孕育和保护一个日益发展和不同寻常的社会结构，在许多方面，它与邻近的大国文明完全相反，正如我们在日本和英国再次看到的那样。

土壤和气候也会通过当地种植农作物的特性来影响许多其他事物。孟德斯鸠曾指出地中海南部种植橄榄和葡萄的区域与北部种植小麦和苹果的区域之间存在巨大差异。南方的轻质土壤偏爱罗马人的刮刀犁，而北方的深厚土壤则适用德国人的重型轮式犁。这些不同的犁导致不同的田地形状，进而导致不同的村庄形状，进一步导致不同的社会结构和思维方式。

类似的巨大差异也存在于东亚和南印度精耕细作的稻米农业与中国北部、北印度和西方的小麦硬颗粒农业之间，这些差异对技术、社会结构和政治的影响也是显而易见的。例如，水稻种植倾向于集中精力增加劳动力、提高效率。这就导致了"高水平陷阱"——因为廉价的劳动力将驱赶动物，并且远离机械。另一方面，大规模的硬颗粒粮食生产鼓励用动物和机器补充人力。这两者都不是不可避免的，但是中国南方和日本的许多历史差异，以及欧洲和英国之间的许多差异，一部分原因来自稻米世界和小麦世界之间的不同。

文明的"胖"与"瘦"

我们可以广泛地对比两种历史文明——"胖"和"瘦"。虽然这种区别在今天看来已经不太明显，特别是对于那些生活在现代"肥胖"文明中的人们来说。但它对于我们的先辈来说却是非常清楚的。例如，它是18世纪许多英国卡通片的明确主题，这些卡通片让肥胖、衣着讲究、吃肉喝啤酒的英国人和瘦削、衣衫褴褛、半饥不饱、吃菜喝凉水的法国同仁形成鲜明对比。

一方面，当时的英语文化圈和其他文明之间似乎确实存在着真正的对比。从16世纪起，当旅行者穿越凯尔特边缘地区（爱尔兰、苏格兰和威尔士）和欧洲大陆的大部分地区（荷兰是个明显的例外）时注意到，在住房、服装和食物方面，英格兰的中产阶级似乎越来越幸运。

他们的房子基本建成了。我就住在一栋这样的房子里，半间17世纪的小农舍，位于英格兰当时最贫穷的地区之一。然而这栋房子有橡木横梁和地板，坚固的墙壁，厚厚的茅草，坚实的地基和私人水井。时至今日，这依然是一个令人骄傲的房子。

许多英国村庄都有大量中世纪晚期和现代化早期的房屋，但如果你穿越欧洲大陆或凯尔特边缘地区，日本和中国，或者中东的大部分地区，一旦你走出城市的富裕地区，几乎没有哪个普通人的房子超过百年。这在一定程度上是由气候、战争和建筑材料导致的，但也取决于当时的平民百姓能在房屋上投入多少可自由支配的财富。英国家庭中还经常摆放着大量舒适的家具，这些家具的历史可以追溯到几百年前，这在世界上其他村落几乎不存在。

同样，许多20世纪以前从英格兰或北美出发的旅行者，探索了世界上大部分其他地区，包括欧洲大陆、日本和中国。他们注意到各国食物之间存在的差异。与他们自己高蛋白的牛奶、奶酪、黄油和肉类的饮食结构相比，居住在其他文明地区（包括约翰逊博士在18世纪后期访问的苏格兰）的"农民"，似乎看起来很贫穷。绝大部分人口主要靠劣质谷物和稀少的蔬菜维持生活。

在17世纪，英国人就有能力把他们收获谷物的一半变成一种饮料——啤酒，这是所有人的日常饮品。此时，大多数其他文明地区的人只有在特殊场合才能饮用少量由植物生产制造的酒精（包括葡萄酒），而日本和中国的部分地区则饮茶。

"胖"和"瘦"的对比清楚地反映了经济和社会结构的其他差异。在大多数文明中，农民往往挣扎在生存线边缘。任何盈余都会很快被消耗掉，只有在欢庆的节日、婚礼和其他特殊活动上，才会出现更丰富的食物、饮料和盛装。在意大利、西班牙、法国和俄罗斯都有大量的文献描述这种情况，在印度也是一样。

贫乏的状况迫使人们异常节俭，就像曾经的日本人和中国人一样，从不"浪费"任何东西，不管是人类的排泄物还是食物或衣服的碎屑。这是在浪费惯了的英语文化圈难以理解的东西。

这甚至能解释许多现如今的差异，例如与动物有关的事情。中国人过去几乎什么都吃，从狗和猫，到蛇、老鼠和各种各样的鸟,英国人常常对此感到震惊。

这些差异反映了两种截然不同的对立面。其中一方是易受饥荒困扰和难以自给自足的农民,另一方则是那些能够给予大自然一点自由的人,因为他们从农业生产中得到的已经足够多了。如今,是在极其艰难的农业世界中如履薄冰还是去破坏更广阔的自然环境,这是世界上许多地区正面临的难题。它反映了在财产概念领域中某种重要的不同之处,这种不同之处将英语文化圈与其他文化区分开来。在大面积的森林和海洋资源被过度开采的当今世界,这是一个意义重大的差别。

私有财产和公共财产

在几乎所有文明中,个人所有或由个人组成的(例如由家庭共同拥有的)私有资产与那些"共同"的、人人都可以免费利用的私有资产之间存在绝对的区别。私有资产通常以某种方式界定,如用墙或篱笆把土地围起来,给动物作标记和贴标签。私人资产不得与个人或小集团之外的人分享,因为个人或小集团在获取和发展私人资产方面投入了时间、劳动力或金钱,抑或是通过继承取得资产。

另一方面,森林、山地牧场、河流和海洋向所有其所在范围内的人开放,以便他们尽可能充分地利用资源。所谓"公共地域悲剧"是指,当今世界范围内,公共区域的分类导致山上的树被砍光，河流和海洋被清空，一些人甚至将它们视为"免费"的垃圾桶进行肆意污染和破坏。这种破坏，正是因为"野生"或"公共"的自然对所有人来说是"免费的"，这也是野生动物遭到猎杀的一个因素。绝望的农民，或者仅仅是闹着玩的农民，将会涌入每一块公有土地，尽其所能地砍、杀和开采。

英语文化圈从中世纪开始就已经发展出一套更加复杂的、三种方式的财产区分方法。这不仅解释了英语文化圈内对许多野生动物的保护和大多数自然保护机构的建立（包括保护动物、公园、沼泽地、老房子、高山和海洋的协会），也解释了为何"社区"资源会盛行。

通过留意资源前面"公共的"这个前缀形容词，我们可以很容易地觉察英语文化圈中"共同"拥有的资源（"公共的"这个词是有误导性的，因为后面我们会发现它们根本不是"公共的"）。所以我们有公共的公园、图书馆、厕所、人行道和道路桥梁。这种奇怪的、介于私有和公共中间的第三种方式，这种半私人、半公共的财产概念较少受人理解，值得花些篇幅解释一下它是如何运作的。

在中世纪的英格兰，有一种法律观念认为有些东西完全是私人的、由个人所有，未经他或她的同意不得从他或她手中夺走。这包括个人的身体、自由表达的权利以及许多其他的"人权"（或者当时这也被称为"自由"）。

当然，这种天赋"人权"的观念一直被使用着，但是在几百年前，英语文化圈之外没有人会赞同它或知道它的含义。通常，在一些文明中，一个人作为个体没有与生俱来的绝对的权利——只是一系列与一个或多个其他人相关联的、相互的权利和义务。没有绝对的私人所有权，无论是对你自己还是其他资产。

如果英语文化圈这种极端形式的个人自由或权利没有通过允许个人在某种半公共系统中共享资源的机制来平衡，它就会导致一个完全失灵的、原子化的社会。就像玩团队游戏一样，个人权利与主动权，加上"团队"的义务，像这样一个允许财产既私有又公共，或者两者混合的系统被开发了出来。

以我居住的一个剑桥小村子为例，可以进一步阐释这个概念。"共有的"概念在英国的村庄里存在了上千年，时至今日依然鲜活。在英国所有的村庄中，都曾存在过或多或少的"共同"资源。这些区域可能是在田野或山林中的共同放牧地，或是森林中的共同林业，或是在当地河流中的共同捕鱼权，抑或是道路的"公共"使用权。

乍一看，这似乎是一个注定悲剧的方法。人们会把羊或猪带到这些"共有区域"，在森林里砍柴，在公共的溪流或湖泊里钓鱼。然而，当我们更仔细地查看这些安排时，我们发现，在涉及对所有人开放，让他们做想做的事情时，它们并不是"共有的"。

因此，一个带着马或斧头或鱼竿的陌生人，如果进入一个英国村庄，他很快就会被阻止使用这些资产——这是偷猎或侵入行为。来自不同传统的特定群体常常不承认这些限制导致了英格兰的紧张局势。

事实上，几个世纪以来，这些权利都源自某个村庄的成员资格并严格受其管制。拥有土地或房子可能会给你在公共牧场上放牧一定数量的动物的权利。或者，正如我住在约克郡沼泽地那所小房子时发现的，它给了我在沼泽地里挖一些泥炭的权利。或者你可能有权在特定的河流或池塘捕捞一定数量的超过一定尺寸的鱼。

所有这些权利都受到保护、监督和管制，溪流、草木和森林都有看守人，由拥有共同资源的人任命并代表他们行事。正是这一点，加上那些购买或继承这些权利的人对狩猎、射击、捕鱼的强烈垄断，保护了自然。

这种居间的"共同但并非普遍自由"概念在今天至关重要，它源于古老的日耳曼法律，与传统的罗马大陆法或中国和日本的法律不同。该原则的日益推广也将帮助我们保护最后的热带雨林、红树林、海洋和受污染的河流，免遭彻底破坏。它们现在被保存为地球上所有居民的"共有资源"，但这并不意味着我们可以肆无忌惮地掠夺它们。

所有这些都以不同的方式回到建立一种制度，使人们能够在契约性的团体中联合起来，从彼此的努力中受益，但同时也为了共同的利益约束行为，使财富稳步增加。一个"团体"或"村庄社区"或团队或俱乐部可以享有这些共享资源，但是，他们不可以分配，只可以根据一系列商定的规则安全地使用这些资源。

这种介于个人与国家之间的组织，是市民社会的基础，是使英语文化圈成为第一个"胖文明"的机制之一。至少目前，它在其他地方的扩张正在逐步将许多"瘦文明"提升到适度富裕的程度。

农民与小资本家

本书涉及的四个文明中，绝大多数居民以农民耕种者的身份靠土地生活。几百年甚至几千年靠务农为生的努力至今仍然影响着人们的思维方式和道德构架。

一个非常普遍的农村经济社会形式被描述为"农民"，这个词源自法语的乡村人（paysan）。在过去的两千年里，从欧洲、俄罗斯和印度，到南美洲、东南亚和中国，很多伟大的农业文明的主要居民构成就是农民。

这种农民阶级的本质被一些分析人士定义为"家庭生产方式"。生产和消费单位与家庭单位是一致的（基于家庭或"家园"）。土地并不是像现代农业那样由个人所有、进行耕作并获得报酬，而是以家庭为劳动单位。一家之主同时也是农业企业的负责人。这个综合体包括从出生就被赋予的共享权利，其中大部分生产所得用于家庭内部的消费，很少出售或交易，尽管可能会有二次使用的情况。

这种基本社会单位和基本经济单位重叠构成的乡村农民模式，与我们四个案例中的两个案例，即中国和欧洲大陆非常吻合。直到非常近的一段时间，这两个国家都是农民社会，几乎没有更广泛的货币经济渗透，社会流动性很小。中国著名人类学家费孝通的作品描述了这样典型的中国。也有人类学家和小说家的许多作品描述了传统欧洲和伊斯兰文明中相似的农民世界。

可以想象，在现代工业化和城市化之前，所有社会都是这个样子的。也很容易认为这是早期"部落"社会与近代"现代"社会之间的必然阶段。例如，马克思和马克斯·韦伯就提出了这是文明的顺序，在我生命的早期，我和其他人一样，接受了这个顺序。

然而，当我查阅13世纪以后英国乡村社会的原始文件时，我发现，如果按照这个定义，英国从来就不是一个农民社会。财产制度，经济与社会的分离，工人的流动，货币价值的渗透，都意味着英格兰是不同的。

如何称呼这个不寻常的英国社会结构是很难的，但是像"资本主义原型"这样的词可能比较适合。

自从马克思写作"资本主义革命"以来，这个概念被许多人接受，但是从未在英格兰发生。这里并没有戏剧化和革命化的从一种"生产方式"到另一种"生产方式"的改变。

自从美国和更广泛的英语文化圈范围承袭了这种不寻常

的结构，它在16世纪已经发展到位并逐渐崭露头角。这种非农民的社会和经济状况现在在英语文化圈的白人地区能找到。当然，英国人不能将这种结构强加于其在印度、缅甸和其他本土的帝国结构之上，尽管他们通过法律和行政引入了这种结构的一些要素。而它是过去几个世纪英美体系的基本结构。

另一个文明，日本，在这方面似乎是令人惊讶地站在了英语文化圈的一边。我们对日本中央集权的封建制度、家庭的人为性、高度的流动性、货币和市场价值渗透的了解都表明，在其他岛国文明中，也存在着一种不同寻常的、特殊的、非农民的社会结构。韦伯认为经济与社会之间的断裂是自由市场的精髓，也因此是"理性"资本主义新兴的前提，其实这种断裂很早就出现了。

因此，我们可以把之前提到过的四种文明按照其基本社会结构分成两组。中国和欧洲文明由农民社会演变而来，深植于家庭关系。英语文化圈（至少在它的白人定居区）和日本，未曾有过农民的结构，即使当时必然有许多乡村居民。

这个差异带来的后果不仅仅体现在社会、经济甚至人口模式上。它还影响政治、宗教和意识形态的本质。当我们比较西方和东方的第一个工业国家（英国/日本）与它们的邻居——欧洲和中国时，我们会发现这个差异导致了很多看上去奇怪的不同点。

危机与人口平衡

我们讨论的四个文明现在基本达到了人口平衡，低出生率和低死亡率导致了相对恒定的人口数量。它们沿着非常不同的路径到达了这个位置。这些路径值得我们花费心思去理解，因为它们对这四个文明深层的心理、道德、社会制度和经济产生了巨大的影响。这种影响直到今天还在产生回响，例如，英语文化圈关于堕胎和避孕的争论以及日本关于婚内行为的辩论。

我们可以把过去千年时间里各文明的人口模式分为两大类。一种可以称为"危机"模型。在正常年份，生育率很高。妇女结婚年龄小，生育尽可能多的孩子。因此，每对夫妇产子多达六到八个甚至更多。大量的婴儿和妇女过早死亡，但只要死亡率维持在一个合理的低位，人口就会快速增长。因此，人口在一代或几代人中迅速增长，然后不出意外地出现"危机"。18世纪经济学家托马斯·马尔萨斯（Thomas Malthus）将其描述为一个或多个可怕事件的组合，即战争、饥荒和疾病。在这样的危机中，人口可能会减半。然后，它又开始不断增长，再次壮大。

在这种危机模式下，人们希望有尽可能多的孩子。他们需要孩子在田地里劳动。因为在农民社会里生产单位和再生产单位是一样的，所以孩子越多，家庭农场的经济情况就越好。为了保护你免受疾病、意外事故和年老体衰等危险的侵害，最安全的投资方式就是拥有一个大家庭。

宗教也是经常让人渴望多子多孙的原因。先祖喜乐；众神喜乐；功德圆满。拥有大量子女的家庭变得更加富有，并且在并不安稳的乡村生活的政治斗争中，一个大家庭显然有更大的权力。所有人都必须尽可能早地嫁出自己的女儿，并为自己的儿子找一个好的新娘。没有很多孩子的家庭地位很低，而没有孩子的妇女也是如此。

这是我们在中国和欧洲大陆大部分地区的农民文明中发现的危机模式，而直到最近之前，并没有在英语文化圈中发现。如果看一下中国、埃及、法国或西班牙的长期人口数量趋势图表，我们会发现它显示出快速的增长。然后，突然地，又出现惊人的下降。

最严重的危机是大规模的战争，因为这常常伴随着传染病和因饥荒造成的疾病。例如，在欧洲17世纪一场长达三十年的战争导致多达四分之一或三分之一的德国人口消亡。

回首看去，历史上的世界上大部分地区那数量庞大的农民人口，特别是中国、印度、俄罗斯和欧洲大陆，他们中的绝大多数直到最近都生活在这样的一个世界。这个世界周期性地发生破坏性事件——数百万人将死于瘟疫、饥荒或战争。在这里，家庭和大量的孩子是抵御可怕灾难的力量。

这种饱经苦难的世界直到最近才在这些广大的农民文明中消失。最近的一次大规模饥荒和危机在俄罗斯发生于20世纪30年代和40年代，在中国和印度同时发生于20世纪40年代。虽然在欧洲大陆，除了两次世界大战的破坏之外，早在19世纪下半叶就摆脱了这种状况，但是记忆仍然存在。生活是一场斗争，灾难从未远离。

◎◎◎◎

这种模式的变化被称为"人口转变"。虽然原因仍然鲜为人知，不过在世界上大多数国家，由于结婚年龄延迟和/或使用避孕措施，生育率开始下降。

在19世纪后期的欧洲大陆，尽管天主教会禁止避孕措施和其他形式的节育措施，尽管持续生育主义者不断敦促，在五十年前，急剧下降的生育率还是席卷了意大利、西班牙、法国和德国。然后，大约五十年前，这种低生育率扩散到南美洲和亚洲的大部分地区。

产生这种转变的因素有很多，医疗革命导致预期寿命的增长、妇女教育、农业转型（从人力劳动至上的农业生产向工业化生产转型），这些都是因素。不管是什么原因，目前世界上大部分地区都处在一种后危机模式中。然而，有一些群体，依然保持着很高的自然生育率。他们遵照一往无前、生生不息的宗教训诫，通过繁衍增加虔诚教徒的数量来传播神的旨意。

长期以来，人们一直认为人口转变是最近发生的现象，最多只有两百年的历史。似乎有理由相信，在工厂生产的工业时代之前，在现代医学的益处被广泛传播之前，所有的农业社会都具有类似的模式，即高生育率、高死亡率和快速增长的人口。

这是一种强有力的假设，以至于马尔萨斯在他著名的《人口原理》(*Essay on the Principle of Population*)中认定，世界上的每一处都是这种情况。他指出，自然生育率和正常死亡率将使人口呈指数增长：1∶2∶4∶8∶16。从亚当和夏娃到目前全世界超过七十六亿的人口，大约只需要重复三十四次这样的增长。马尔萨斯指出，根据他那个时代的农业和制造技术，经济增长充其量只能呈算术级增加，即1∶2∶3∶4。因此，他预测战争、饥荒和疾病等灾难将不可避免地抑制人口增长。

然而，在他的第一篇小篇幅著作发表之后，马尔萨斯对世界许多地区的人口模式进行了大量的研究，包括中国、太平洋地区、欧洲大陆、爱尔兰、英格兰和挪威。在五年后出版的《人口原理》第二版里，他发表了研究中发现的新理论。他指出，人口转变在某些国家已经发生，不是通过避孕而是通过婚姻制度来实现。

尤其在瑞士、挪威和英格兰，这些地方的人口模式是不同的。在这个模式背后有界限分明的资源、相对和平的环境以及没有饥荒等条件。我们也许可以称之为一种能保持系统稳定的动态平衡（动态平衡是一种会自动反馈的机制）。

这种模式下控制人口的主要方式是生育，而不是周期性的高死亡率。即使在食物和住房资源丰富的情况下，由于社会和经济压力，人们也控制着他们的生育。在这种模式下，人们不必承受过早结婚或根本不结婚的巨大压力。当他们结婚时，他们可能只选择生少数几个孩子。在这种情况下，如果死亡率正常，长期人口数量几乎不会增长。它之所以能保持平衡，不是因为死亡危机，而是因为人们希望限制自己的生育。

这也是英格兰从中世纪以来的特点。例如，我们知道，从1350年的黑死病到1750年工业革命初期人口爆发式增长的四百年间，英格兰的财富逐年增加。在基础设施和一般生活水平的关键建设结束时，英格兰人民的财富可能比初期增长了三到四倍。

但在同一时期，人口的增长非常缓慢——可能最多增长了一倍。有一种"自我平衡"的模式，使人们把不断增长的财富投入消费而不是生育。正如马尔萨斯所指出的那样，人们并不急着结婚，直到他们作为独立的个体"负担得起"结婚。他们不能依靠家人支持来建立自己的家庭，也没有很大的结婚压力。多达四分之一的女性从未结婚，平均初婚年龄大约在青春期后的十年。

这种受控的生育模式被带到北美，最近也被用来描述日本。也许是因为日本没有将家庭规模和家庭财富联系起来的"内部生产方式"，抑或者是因为同样没有长期受到侵略军的严重威胁，从而没有战争、饥荒和疾病，日本这个受保护的岛屿也有着和英格兰相似的人口模式。

在19世纪后期工业迅速发展之前的二百五十年里，日本人口也达到过类似的高峰。虽然日本经济稳步增长，规模扩大了一倍多，但从17世纪初到19世纪中叶，绝对人口几乎没有增长。这不是因为战争、饥荒和疾病，而是因为日本家庭规模相对较小。

在日本，使得人口总数既大到能维持稳定又不至于增长过快的具体方法和英格兰不一样。在英格兰，晚婚和选择性结婚降低了生育率。在日本，结婚年纪并不算晚，而且大多数妇女都结婚了，但是人们更多地使用各种技术来减少孩子的数量，例如堕胎。然而，不同的方式导致了同样的结果。像英格兰一样，过剩的财富被用于提高生活水平，而不是最大限度地增加孩子的数量。

勤劳的文明和工业化文明

日本经济史学家鸠山由纪夫几年前提出，近代史上一个基本对比是他所谓的"勤劳"模式和"工业"模式之间的对比。他认为，日本在19世纪后期，进行工业化改革之前的三个世纪中，走的是"勤劳"道路，而英国在18世纪中叶之前的三个世纪中，则是沿着"工业"道路行进。

在"勤劳"模型中，经济增长是通过辛勤而高效的人力来实现的。几乎每一个人，包括妇女和儿童，都努力地生产农产品和手工艺品，来增加他们的财富，或者避免灾难。生产力的提高，特别是在水稻种植中，是通过双季或三季种植，通过在其他作物之间种植蔬菜，通过使用每一点可能的人力和肥料，和通过收获每一片粮食碎屑而获得的。

任何东西都没有被浪费，并且人们总是在寻找通过额外的努力实现微小的边际收益增长的方法。人们几乎不停地工作，如果他们确实有不再进行农业工作的时间，他们就用这段时间来修理简单的工具或是开展副业，如纺织、制陶或编竹篮，来赚点外快。

"工业化"的道路是不同的。我们发现这种模型下人类并不是让身体更努力地工作，而是越来越多地使用非人类的生产手段。后来这种工业化生产指代的是工厂、蒸汽动力、机器和劳动分工。然而，在那之前的几个世纪里，一个准工业化系统一直在发展，它通过利用四类广泛可用的能源——风、水、动物和煤炭，极大地提高了产量。

从中世纪起，英国人所做的就是开发各种形式的非人类能量。动物被越来越多地使用，无论是用于犁地（用更高效的马代替牛），还是用于将植物转化为食物和衣服。英格兰成为世界上最先进的以动物为基础的经济体，到处都是绵羊、牛、猪、马和鸡。每个英国人都靠着许多动物的辛勤工作生活着。

这与"勤劳"的道路形成了鲜明的对比。例如在日本，动物的数量逐年减少，以至于到19世纪中叶，除了一些小马之外，日本几乎没有驯养的动物。

英格兰从11世纪开始就广泛地使用水力，几乎每个家庭都有相当大的磨坊来磨碎谷物。在日本，所有的碾磨工作都是用手（手推磨）或脚（舂米）来完成的。在英格兰，如果没有足够的水力可用，例如在东安格利亚的大部分地区，这些地区从13世纪开始广泛地使用风力，因此英格兰许多村庄都有一个或两个大型风车。这种规模和类型的风车在日本几乎没有。

最终，英国人在过去的千年里开始广泛地使用化石燃料，尤其是煤。到16世纪，煤的使用已经非常广泛，而到了18世纪初，平均每个英格兰居民都有两三个煤炭能源形式的隐形"助手"，它们产生热量，为小型工业提供动力，并为田地生产石灰和其他肥料。世界上任何地方都有大量的煤炭资源，虽然后来人们发现煤炭的应用相当广泛，但是上述的情况在日本并没有发生。

所以在日本和英国这两个岛上有两种模式。日本的是一种"农业内卷化"的形式，正如人类学家克利福德·格尔茨（Clifford Geertz）对爪哇（Java）的形容一样。在这里，人们拼命工作，劳动力非常廉价，每一寸土地都被精打细算地种上庄稼，所有的非人类动力——动物和机器都被排斥在外。

如果我们看看其他文明，自然会有一些例外，但一般来说，还是属于勤劳的阵营。显而易见的是，像中国这样的巨大文明里也有一些地区广泛使用机械和劳动分工，特别是长江和黄河三角洲地区。但总体而言，中国大部分地区的情况与日本相似。

中国，在某种程度上像日本一样，从潜在的工业化转向了勤奋的道路。中国人很早就发明了一种动力织布机；他们用机器来控制和利用大河的动力和风力来生产盐；他们也使用动物，尤其是水牛、马和猪；并且大范围地使用煤炭来冶炼铁矿石。所有这些在13世纪的宋代就已经发展得很好。当马可·波罗访华时，中国似乎正朝着工业化的道路发展。然而五百年后，它却故步自封了。动物的数量减少，燃煤炼铁的产量下降，水和风能的使用也减少了。

导致这一结果的原因有很多。人口增长迅速带来价格低廉的劳动力，而非人力水稻种植十分困难，这是其中一部分原因。不管因为什么，到19世纪，中国很明显成为一个典型的"勤劳"文明。正如大多数观察人士所注意到的，人们工作非常努力，效率很高，但是几乎所有的经济负担都是由人类用背、胳膊和腿来承担的，几乎没有来自非人类能源或机器的援助。

◎ ◎ ◎ ◎

我们可能会预期欧洲大陆将更接近英国的发展模式，即西方总体上共同走向工业化。这一进程不仅是在英格兰和采用其制度的更广阔的英语文化圈范围内，而且在整个欧洲高度复杂的文化体系中皆是如此。然而，如果我们将欧洲中世纪晚期的农业和工业的情况与后来发生的事情相比较，它的发展模式似乎与中国非常相似。

中世纪和现代早期的欧洲对机器和动物的广泛使用让我们想起了宋朝时期的中国。然而，几个世纪后的情况再次显示出与中国相似的趋势。欧洲大部分地区，尤其是意大利、西班牙和法国，似乎已经从工业化原型的时代撤退。

普通大众拥有的动物变得越来越少；农民们用铁锹和锄头而不是动物拉犁来耕地；煤的使用量没有增加；除了航行以外，风和水能的使用范围没有扩大。总的来说，由于土地肥力下降，森林面积减少，农民们不得不更加努力地工作。为了生产同样数量的产品，为了跟上人口的增长和税收的提高，他们不得不延长工作时间。欧洲大陆的大部分地区似乎进入了一个"高水平陷阱"，或是一种平衡，又或者像亚当·斯密在18世纪注意到的那样，甚至正在衰落。

因此，我们看到有一种道路影响了三个文明——日本、中国和欧洲大陆。在19世纪之前的近五百年里，他们日益偏向"勤劳"之路。这种策略无法使用日益增长的可靠知识和非人类技术的力量来成倍壮大。仅仅通过植物和人类的辛勤劳动来获取太阳的能量严重限制了生产。它导致了一种自虐式的奴役，一种无止境的劳动和艰辛的生活。

内向和外向的文明

四种文明之间的另一个主要区别也值得我们简单思考。这关系到它们在经济系统中向内或向外看的程度。在这方面，我们可以看到，中国和日本都在向内看，而欧洲和英语圈都在向外看。如果我们特别聚焦一下中国的情况，那么就很容易理解我所说的含义。

尽管，又或是因为中国如此广阔和多样化，它总是面临着一个理解和处理非中国的"陌生人"的问题。在很长一段历史时间里，来自其他文明的人对于他们中的大多数人来说是野蛮人。今天，在美国也可以看到这种庞大文明对世界其他地区基本无知和漠不关心的趋势。调查显示，愿意了解世界，甚至持有护照出国旅行的美国民众相对少见。

中国的这种向内看的倾向由于几个因素而加剧。一是因为经济活动——贸易、营销、制造、赚钱——从很早开始就被精英所鄙夷。法家和儒家，都以不同的方式和不同的原因，把普通人的经济活动置于社会秩序的底层。赚钱在汉语文化圈显然是一件有失身份的事。而且在没有公司法的情况下，大规模的经商行为很难维持，因为朝廷会对显眼的财富进行征税。虽然在中国的许多地方，有大量的小商品贸易（尤其是东部），但在历史的长河里，大型制造和贸易公司显然是缺失的。

此外，15世纪初中国境内建成了庞大的水域网络，促进了大量小规模的内部水上贸易，进一步杜绝了海上贸易的可能性。再加上后来的蒙古民族和满族人都是内陆人，他们对海上贸易甚至陆地贸易都没有多少经验或兴趣，我们可以明白这种发展模式所面临的压力，与我们在西欧所发现的情况相似。

其结果是，中国的海外贸易在很大程度上掌握在其他文明国家的人手中，这些国家是控制丝绸、瓷器、纸张和茶叶出口的中介机构。沿着陆上丝绸之路，早期是索格底亚那人（Sogdians）和阿拉伯商人。而在海上丝绸之路以及出口日本的航线，最初是阿拉伯商人，后来是葡萄牙人（从1515年开始）和其他西方商人。

随着西方国家实力的增强，这一切变得尤为重要。不久，当时的朝廷除了摆出一副相当严格和正式的态度之外，明显不知道如何与外来的贸易商打交道。因此，当1792年英国的马戛尔尼勋爵带领贸易代表团访华时，中国对此并不理解。随后是鸦片战争的悲剧以及后来的一系列的矛盾冲突。从19世纪中叶起，中国人开始求助于英国专家罗伯特·赫德（Robert Hart）爵士来组织和监督他们的海关系统也是顺理成章的事了。

第二节　权利、社会与思想

法　律

　　如前几章所述，完备的法律体系，包括刑法和民法，在中国和日本这两个文明中曾经或多或少地缺席，却在欧洲和英语文化圈高度发展。虽然这种状况在当今中国改变迅速，就像日本在20世纪做的那样，但两种法律秩序之间还是存在着根本性的差别。

　　在中日方面，除了边境之外不需要法律。冲突解决和民事纠纷主要是通过非法律程序处理。西方的传统，无论是大陆法系的罗马法领域还是习惯法系的英美法系，都处于相反的极端。其围绕着财产、人际关系、异常行为，开发了复杂的系统来处理利益和行为冲突。法律需要提供制衡，并把个人与外部压力分开。

中日两国在步入一个传统亲密关系被快速发展的城市化破坏的境地，两国希望引进许多西方的技术、教育思想和经济机构。这一切都面临着一个问题，在诉讼为主的西化道路上，它们到底要走多远。

日本人以他们独特的方式通过全盘吸收西方的装备解决了这个问题。中国向西化的方向走多远还不确定。当然，我参观了中国的法院，并与法官交谈，这让我觉得它会演变成一个新的版本——具有中国特色的法律体系。

政　治

文明的政治前景显然是个重要议题。纵观各个文明，很明显能看出它们的政治制度直到20世纪还是完全不同的。中国曾经是帝国官僚集权体制。

日本在19世纪70年代帝国制终结后进行了民主实验，但在20世纪30年代又恢复到天皇统治下的另一种极权统治形式。从1945年开始，日本正式采用西方的议会民主制。然而，大多数观察人士指出，在这一表面之下是一个完全不同的体系，这个体系下一党统治几十年，国家被一系列阴谋和小集团所把控。

欧洲从19世纪中叶才开始引入类似议会形式的民主。虽然它常有瑕疵，但在20世纪30年代被消灭之前它延续了两三代人的时间。之后的三四十年间，法西斯独裁主义统治了意大利、西班牙、德国并征服了欧洲其他地区。因此，欧洲只有几代人真正拥有"民主"制度。

英国勉强称得上有古老而连续的民主。虽然选举权很小，但在皇室和议会之间保持着平衡，议会里中产阶级的代表很强大。这个制度至少可以追溯到13世纪，并在17世纪正式形成。这种体系后来被美国所采用。然而，直到20世纪60年代黑人公民被赋予选举权时，美国才算拥有普遍选举权。现在仍有许多人相信美国不是由人民统治，而是由富豪统治。

民　主

民主有两个含义。从托克维尔在《论美国的民主》一书中使用"民主"的意义上讲，民主并不意味着人民选择议会代表。它确保个人能在地方层面把控自己的生活——不受他人约束的自由，以及不受饥饿和疾病等物质的限制。

在这个更广义的民主里，民主有希望随着财富、教育和自信心的增加而逐步实现。这种自下而上的民主正在中国发生。我从2002年的第一次调研访问中就观察到了这一点，那时我们观察村民如何建立新的村民委员会并参与了讨论。这种制度后来扩展到了城市。中国的各个地区给我们留下了深刻的印象。当我们意识到中国每个省级行政区划单位都是西方平均国家的大小时，这种民主就变得充满意义。

我们有理由赞同G. L. 狄更生（G. L. Dickinson）[1]一百年前的观点，即在某些方面中国是世界上最民主的文明——而且正变得越来越民主。狄更生，剑桥大学国王学院的研究员，"国际联盟"这一术语和概念的创造者，在1913年访问中国之后写道：

> 据我所知，中国是几个世纪以来唯一一个民主的国家。中国从来没有种姓制度，我甚至认为中国和其他大多数国家相比社会阶级也更少。机会均等是民主的精髓，这一点经常被其他文明所否定。但是中国从农历纪年伊始，就在理论和实践中都坚定地践行这一点。从来没有种姓制度，也没有一个统治种姓。

日本不太可能从中央政府的"政治分肥"[2]和地方自治的混合状态中发生很大的改变。在欧洲会发生什么是不确定的。分裂的过程是双重的——它一方面要求每个被"发明"出来的国家和地区，如加泰罗尼亚或苏格兰，被赋予自治权；另一方面也试图用共同的货币和法律联盟来建立一个官僚和贸易共同体。这个共同体目前的形势是否能够与互不相

---

[1] G. L. 狄更生（1862—1932），英国历史学家。——译者注
[2] "政治分肥"（porkbarrel）或"猪肉桶政治"是美国政界经常使用的一个词语，政界把议员在国会制定拨款法时将钱拨给自己的州（选区）或自己特别热心的某个具体项目的做法，叫作"猪肉桶"。——译者注

同的各个国家一起走下去是值得怀疑的——当我们回忆起欧洲已经存在的历史差异以及痛苦的战争过往时,这种怀疑就更加强烈了。但是鉴于各国的相互纠缠,另一场欧洲级别的战争似乎不太可能。

◎◎◎◎

政治的另一个方面涉及对更多"自由"的普遍呼声。这种言论、行动、结社、思想的自由现在被断言是一种"人权",尽管人们往往忘记这种想法是两个多世纪前在美国和法国的革命中才出现的。

许多人也不记得自由有两种含义——消极的和积极的自由。消极的自由是免于恐惧、饥饿和压迫的自由。在英格兰,这种法律传统至少可以追溯到12世纪,例如在人身保护令中,"我的身体"是我的,除非经过正当的程序,否则不能被威胁或监禁。

一旦消极的自由法则成为现实,我们就必须承认它们意味着责任——因为我们在对待那些同样拥有消极自由的人时必须谨慎和负责。中国正在迅速地将英语文化圈的消极自由传统引入其法律体系,以减少权力对个体的欺压。

自由的另一个含义是积极的自由,是做事情的权利——说我们想说的话、做我们想做的事、必要时强迫别人接受我们认为对他们最好的东西。换句话说,是强迫别人"自由"。个人观点需要服从于集体,这种观点在英语文化圈一直未被完全接受。

官僚制度

官僚制度的重要性与小部分精英的权力集中成正比。韦伯的"魅力型"领导就是一个极端的例子，当权力高度集中在一个人的手中时，不需要官僚体制。其他情况下，权力都需要一层层地下放，这样中央政权就不需要汇集和处理人口相关的大量信息。他们把它留给下属来控制局势。

当我第一次来到剑桥大学工作时，我看到了这种权力下放制度。这种情况仍然存在于国王学院，虽然那里的官僚机构很小。在这两种情况下，机构的负责人就像一个指挥家，一个亚当·斯密"守夜人"（极简主义）国家模式里的中央行政执行人。大多数决策都是由更低层级的人做出的。他们以团队的形式，以共同的习惯法和先例、少数但强有力的规则，以及大量的信任为基础一起工作。很少有东西被写下来，它主要是一个口头的、个性化的权力系统。

领导力与"性格""判断""信任"和"理智的人"有关。这是我在寄宿学校里作为级长所学到的内容，也是英国少数专业行政人员管理方式的核心。

在19世纪初，托克维尔惊叹于英格兰的这种非官僚体制。他把这种情况与故乡法国那种过度吹嘘、基于书面规则、文书堆积和国家监视的情况做了对比。法国，以及欧洲大陆的大部分地区，都是官僚主义国家的缩影——它试图建立一切规则以避免腐败和不平等。权力被集中到一组被认为是专业和独立的全职官员手中，他们由特定的教育系统产生，受过高等训练并且"公正"。

虽然欧洲大陆是这种繁重的官僚制度的一个例子，但或许最极端、当然也是最持久和最大的官僚制国家是中国。两千多年前废除封建贵族分封制后，中国建立了以儒家官吏为主的贤能统治制度。中国不可阻挡地成为一个用纸帝国，建立在无尽的报告和档案制度之上。在那里，人们不断尝试将复杂的生活标准化，并把它们纳入一个系统内。所有与此背离的行为都是"腐败"，而打击这种腐败，也就是与威胁破坏绝对的廉洁公正做斗争的活动，在当今中国是一种执念。

人口流动

许多"现代"人过着一种地理上移动着的生活。我们在一个地方出生，在另一个地方接受教育和培训，之后在不同的地方工作并多次搬家，最后死在离出生地很远的地方。值得关注的是，我们绝大多数的祖先直到最近也没有这样生活过。

农民社会，典型的是人们出生、结婚和死在同一个社区或小村庄里。一个农民家庭总是试图"把名字留在土地上"，即保持家庭和土地所有权的联系。你小时候认识的人也会来参加你的婚礼，他们在未来的某一天也将为你下葬。你结婚后可能会搬到另一个村庄，如果你是女人的话更可能如此，但那里距离家乡不会超过几里地。

这种模式背后是强大的社区，以及与认识了一辈子的人们之间持久的多层次关系。血缘关系的纠缠、固定的地方和归属感，这些是"社群"的本质，它们既是由这种格局造成的，也反映在这种固定的地理中。

这种典型的模式适合农业文明，包括我们提到过的中国和欧洲的例子。有很多对这种强烈的、有局部界限的农业世界的描述。在这种背景下，使得在过去两代人的时间里中国从农村向大城市的巨大劳动力迁移显得更加不平凡。

当然，有些人总是在移动。即使在传统的中国社会，也有人因为要做官或者对贸易的热爱而到处走动，欧洲的情况也是如此。但不容忽视的事实是，绝大多数人的生活范围还是在出生地附近三四十英里范围之内。

鉴于这一特征，也就不奇怪大多数历史学家会认为日本和英语文化圈这两个文明也是如此。例如，同时代杰出的经济和社会历史学家R. H. 托尼描述16世纪的英格兰为"大多数人一辈子都没见过超过一百个人，大多数家庭靠着耕种曾祖父的地过活，用的还是曾祖父的犁"。

因此，当我通过研究英格兰的地方记录并发现这种刻板印象在很大程度上是虚构的，我感到相当震惊。从最早的详细记录来看，也就是在13世纪，情况明显变得不一样了。

当然，有些人还是固定不动，例如被主人束缚住的农奴。然而，乡村居民大多是流动的，特别是从农奴制在14世纪中叶消失之后。在我们所研究的英格兰南部的厄尔斯·科尔尼教区出生的人中，很少有人在那个村庄过世。

到17世纪，估计有多达四分之一的英格兰人一生中曾在伦敦生活过一段时间。常见的模式是在一个教区出生，在8—12岁之间去几英里外的另一个教区或者城市当仆人或者学徒。再过七八年，他们就会搬去另一个地方，也许还会结婚。在接下来的几年里，他们很可能还会搬几次家，在去世前住过六个不同的地方。

英格兰模式和普通的"农民"模式之间有着显著的差异。这种英格兰模式被带到北美，并有助于解释其持续至今的高地理流动性。这也带来了许多后果，其中一个让我们重回"对世界着魔"的时代。

社群和联盟

一个人与他出生的地方、与他家族已经生活了几代人的地方有一些更深的联系，这是一种非常自然的感觉，虽然这一点难以用肉眼识别。坟墓是亲人的坟墓，童年的幻想几乎没变，在树木和水流的背后是一个自然和社会交织的世界。

在华兹华斯的诗歌中，我们回忆起一个万物有灵的世界。我感觉自己像是在华兹华斯的家乡湖区山谷里长大的孩子。当我们离开时，华兹华斯和我都感到心碎。华兹华斯去了剑桥，而我去了牛津。除了度假，或者像华兹华斯一样搬到同一地区的其他地方，我从不回来。

日本的情况和英语圈类似。尽管在外人看来，日本的乡村生活像是固定不动的"农民"生活，但是历史居民名单、小说和其他材料都表明，许多人搬到其他村庄或进入人口密集的城市一直是日本长期以来的特征。

与英格兰一样，继承制度是造成这一现象的原因之一，因为该制度并不保证所有人都能分得父母的农场，除了一个可能的继承人外排除了所有其他继承人。

因此，英语圈和日本的情况再一次与中国和欧洲相反。长期以来，中国和欧洲充斥着基本不流动的农民，而英国和日本则没那么依赖出生地，因此缺乏真正的社群。

家庭主义和个人主义

另一个显著的特点是家庭与整个社会联结的方式。在中国，宗族和家族直到最近仍然是牢不可破的基石。亲子关系是支点，而广大家庭是社会、经济、政治和仪式的重要单位。最终，一切都是关于家庭的。留给自由互动、契约式关系的空间是有限的。孩子不可能和父母断绝关系。这一文明的基础是先赋性地位，不管是血缘还是性别。但奇怪的是，它没有任何种姓或等级制度。

欧洲的情况并不像中国，但与英语圈相比，大部分地区似乎仍然以家庭为基础。在欧洲的大部分地区，亲子关系、兄弟姐妹的关系、与其他亲属的关系，以及优等男性与劣等女性的性别对立，仍然广泛存在。政治、经济、职业和文化充满了家庭情感和动力。

所以这两大文明可以被描述为广泛的"家族主义"。另外两个文明互不相同，也与上述文明不同。从家族命名、我们是谁的后裔的观念，以及一子继承来看，日本家庭在结构上与英格兰几乎相同。然而，虽然家庭形式是小团体，孩子可以很容易地被分享或收养，但还是有一丝让英国的观察人士感到奇怪的家族主义气息。

日本与苏格兰高地有些相似，家庭似乎更重要，家庭情感在经济、社会和政治生活中占的比重比英格兰大部分地区更大。无论是歌舞伎还是相扑，甚至在学术生活里，杰出的工商业和农业与伟大的家庭谱系息息相关，这种情感的味道在某种程度上与家庭紧密相连。这种秩序很像是在修道院里，人们被称为"天父""圣母""兄弟姐妹"，所有人都是"耶稣家庭"的成员，即使他们可能没有血缘关系。

不同于这一切，英语圈以高度的个人主义和几乎反对家庭观念而脱颖而出。当然，人们是在父母身边出生、长大的，并且和近亲保持联系。然而，没有永久性的共享资源，例如人们通常不会期望兄弟姐妹去教育彼此的孩子。没有共同基金，而且家庭对远亲的婚姻没有很大的兴趣。家庭聚会往往并不频繁，而且敷衍了事，家庭分散各处，同一个家庭的孩子可能在社会阶层的两端。

在英格兰，"血缘关系"的强烈纽带已经在一千多年的时间里分崩离析。孩子，无论是从字面上还是从象征意义上来说，都学会了独立和步入社会。他们主要通过各种机构和协会与陌生人进行交流，并很快成为朋友、同事、邻居、队友。这主要是一个网状的世界，充斥着各种"合同性"（选择性）的关系。这里都是有自主性的个人，他们可以投票、结婚、交易和储蓄，如他们所愿地享受闲暇时光，不承受来自家庭的巨大压力。

当然，这只是一些简化的场景。一些家庭可能比其他家庭更亲近，尤其是那些涉及巨大资金的家庭。少数民族、一些犹太裔家庭和其他宗教团体更加重视家庭。然而，对于大多数人来说，虽然家庭在孩子刚出生的时候直到青春期的后几年比较重要，但在孩子离开家之后家庭的重要性就逐渐降低，除了"假期"，他们都不会回来。这是一个古老而又不寻常的模式，在英格兰的文明范围中诞生，然后被带到了美国。它是现代经济、社会、政治、市场、民主、个人自由和个人主义的基础。

文明的毁灭与复兴

当我们纵观所有文明时，它们在漫长时间里不一样的演变方式逐渐浮现出来。中国的历史让我想起了一棵生长了几千年的大树，但是每隔几百年就会因为一些灾难性的事件而被砍得只剩下一截露出地面的树桩。

每一次中国都似乎被摧毁殆尽。然而，它的一半结构在地下，不久就会长出小芽，生长迅速而旺盛。同一棵树又长出来了，也许有更多的茎，但它的发展变化不大。历史上经历了不同的朝代，如汉、唐、明、清，但基本的文化、法律或语言几乎没有改变。中国的模式是连续性的，有时突然被中断，又会接着出现一个充满活力和创造性的增长时期。中国现在爆炸式的增长就是一个很好的例子。

日本和英国则提供了另一种模式。这是一种连续的、渐进的，而且大多是非革命性的演变。因此，树木从幼苗开始，慢慢开枝散叶，逐渐长成一大片。如果你想了解英国，你必须沿着各路相互交错的分支努力回到各自的起点。托克维尔使用了一个比喻，将其比作沿着蜿蜒的小路追溯到起点。所以日本和英国都是不变的，但也是在不断变化的，你的观察方式决定了它们看起来是新还是旧。他们把古老的法律和传统与新发明的结合了起来。

欧洲和中国一样都很古老，有古希腊和古罗马的遗迹。同时也是新的。它还是连续的，但遭受了可怕的灾难，这些灾难几乎将它打回原形。最显著的是日耳曼战争，后来是蒙古西征。这当中也有瘟疫的肆虐和战争的持续，最终在第一次和第二次世界大战中达到毁灭的顶峰。

因此，欧洲有着极具戏剧性的毁灭与改革，而英国却幸免于难。欧洲经历了罗马帝国崩溃后五百年间的巨大破坏，又恢复了活力。在12世纪文艺复兴和16世纪末之间，它以一种引领文艺复兴和科学改革的方式繁荣起来，奠定了许多现代知识的基础。

欧洲似乎走了一条与中国几乎平行的道路。它达到了某种程度的上限，所有的制度、经济、政治、社会结构都达到高度平衡的状态。因此，到了法国大革命时期，欧洲基本上是政治上的专制主义，世袭为主，伴随着经济下滑，农民的苦难越来越严重。欧洲似乎已经走到了死胡同。最终它跟随英国进入对已有能源的工业化利用和对新的可靠知识的有效应用，从而找到了一条出路。

美国的情况又不同了，因为它是"生而现代"。它采用了英国的权力制衡、有限政府、自由市场、个人和非等级的宗教、对个人的法律保护等模式。那是一棵英国式的小树，没有几千年缠绕的树枝。因此，正如托克维尔所说，美国是比较容易理解的。它建立在一个简单的网格上——平等、自由、个人主义。这给了它巨大的活力，加上它开辟了极其丰富的自然资源，使之有统治世界多达四分之三个世纪之久的能力。

我们的现代世界不是可预测或注定的。这是一个巨大的意外，没有任何迹象表明现代资本主义、民主、个人主义和工业文明会在世界自然地发展。

第三节　宗教与哲学

宗教和家庭

几乎所有的社会最终都建立在家庭及其内部的忠诚和情感基础之上——氏族、部落、血统、父母权威、包办婚姻。这很普遍，从中国到西方的"嵌入"部落和农业文明都是这种情况。奇妙的是，三大哲学或宗教有一个观念是统一的，即个人的主要忠诚不是献给血缘或婚姻亲属，而是一种比家庭更为宏大和伟大的精神存在。人们要敬拜的不是祖先或家族的神，而是不相关的神灵和上帝。

在每种宗教哲学里都有强烈的个人主义倾向——个人决定他或她的生活。父母必须让位给孩子的决定，"召唤"（calling or vocation）比亲子关系更强。它是从"身份"到"契约"的改变，因而是现代性的主要偶然起源之一。

佛教和基督教这两大宗教与反家庭主义倾向密切相关，也因此都脱离了生育压力。正如我们所看到的，独身是最高的召唤。祖先的仪式不需要维持。家庭必须给修道院的召唤让道。

因此，值得注意的是，在基督教和佛教社会中人们往往晚婚，许多人（包括妇女）甚至不婚。不过这在各地存在巨大差异，并不是一个普遍特征。例如，正统天主教社区或东南亚严格的上座部佛教社区结婚年龄更小，且大多数人会结婚。正如之前提到过的——印度教和犹太教的情况与此大相径庭，它们都鼓励大家庭。

宗教和教育

宗教创立者（先知）的语录是大多数精神和伦理知识的来源。它们必须通过专业教师和书本来学习。这一点在较低的层次上与印度教和许多传统宗教不同，本文提到的三大宗教认为人被正式教授宗教信仰是很重要的。再加上在中国，儒家思想对教育的重视，使得佛教世界的初级文化普及率非常高。宗教意义上的初级学校分布很广泛，同时强调僧侣组织教学的巨大作用。在这些地方大部分时间都致力于唱诵和熟记神圣的文本。

在每一种情况下，宗教的神职人员都是这个体系的核心，他们被期望以某种方式传递创始人的愿景。

因此，信徒为了理解早期的真理和渴望能够学习阅读神圣书籍的技能，常常高度强调教育——当然，每种宗教的不同分支之间存在着相当大的差异。

佛教和基督教的救世之道是通过一次永无止境的发现之旅，一条通往更深刻的形而上学理解的道路。在这种情况下，根据先知的文本来解释世界的需要，产生了另一个革命性的教育后果，即高等教育。

正如最古老的印刷书籍是佛经一样，这并不是巧合。目前所知第一所有记载的大学（教师主要聚集来教授各种广泛科目的地方）是古代的纳兰达佛教大学，它在公元前5世纪佛陀开始居住在印度后不久成立，一直存在到12世纪。这是许多佛教学府的前身，它以佛教著名的古代学院的形式从印度传到中国，然后传到日本。例如，日本第一所"大学"据说是龙谷大学，由净土宗佛教派于1639年创建。

这个佛教大学的想法很可能也是西方基督教大学诞生的灵感之一。从1088年博洛尼亚第一所公会结构的大学成立，到1150年的巴黎和1167年的牛津，这些大学的建立都与基督教有着深刻的联系。我所在的剑桥大学成立于1208年，最初主要是一个修道院组织——教师是被任命的独身者，实际上是修道士，他们每天在教学的同时举行宗教仪式。早期的学院建立在修道院的基础之上。

佛教寺院里的学习主要集中在宗教经文上，其他科目也穿插其中。而西方大学的不寻常之处在于，他们从一开始就强调其他学科，特别是数学、逻辑、修辞学、语言，有时还强调基础科学。从13世纪西方第一次"科技革命"到16世纪的第二次"科技革命"之间，各种知识在世界范围内迅速增加，这与基督教及其捐赠的学习场所产生的影响力有着深刻的联系。

佛教和基督教学校如此强大的一个共同特征是，它们都认为知识是好的、开放的和无限的。先知们对上帝启示的解释仍然有效，他建立了一种方法也指明了一条道路，并嘱咐我们沿路去寻求更深层的知识和理解。人类的思想是高尚的。

佛教哲学是既模糊又复杂的，是一个永不停止追求的过程，直到获得最终的超脱。这像是一个巨大的迷宫，旅行者终其一生都在追求一个神秘的天才。同样地，耶稣的言论往往也是神秘的、简洁而隐晦的，"我把它留给你去解释"。信徒带着这些话语，伴着使徒粉饰的解释和神秘的传说，踏上了无尽的旅程。因此，佛教和基督教是开放的系统，没有完结，让个人承受负担成为朝圣者，一路追逐遥远的目标。

宗教与科学

尽管每个人都应该是探索者，是真理的追求者，但他或她所追求的真理在每个具体情况中都是显著不同的。我们生活在自己感官制造的混乱和错觉之中，而我们的任务是清除这一切。通过深入自我，来摆脱幻觉和谎言，直至抵达内在的确定。

我们这样做并不是为了了解外部世界，或是更深层次的自然法则——那些我们现在称之为"科学"或知识的规律。相反，我们寻找的是思维和感知的内在规律，控制自己的内在。我们不能通过理解世界而改变世界，但是可以改变我们对世界的感知。苦难不会因为我们发现其产生的根本原因（疾病、贫穷、死亡及其近因）而消亡。唯一征服痛苦的方法是接受它并超越它。佛陀没有设立医疗机构或标准农场。他只是沉思并改变自己的态度。

因此，以下的这个事实也就不那么奇怪了——14世纪时，中国作为当时世界上科技最发达的国家，却并不是现代实验科学的诞生地。佛教里并没有一个创造世界的神，他设立了一套不变的、强大的，但隐藏的规则。如果我们能够理解这些规则，就可以用这些规则来改变外部世界。

对于佛教徒来说，外部世界一直在变化，像一个万花筒，也充满矛盾，没有可理解的原则。没有不变的规律，只有事件、感觉、星座。没有神去鼓励我们探寻他隐藏的真理，以便我们将他造了一半的世界变得更好。我们的目标不是改变甚至是理解世界。我们的任务是更好地了解自己，从而与世界达成共识。

在基督教内部，尽管时不时有着对知识分子的调查和不信任，但好奇心和对上帝法则的信心，相信上帝乐于让他的追随者探索使我们的世界运转的间接法则的信仰，这一切的特殊组合推动了我们如今所理解的现代科学的诞生。当然，还有许多其他因素。其中包括欧洲的多样性和政治分裂，对海外世界迅速扩张这一新现象的开放和交流，大学制度，革命性的新科学工具，高质量的玻璃，这些都是现代科学发展的必要元素。

然而，从深层次来看，基督教似乎是一个肥沃的花园——它打破了过分受规则约束的旧约，同时保留了亚伯拉罕传统中更深层的合法性并与希腊罗马思想相结合。希腊和基督教的一些交叉点产生了伽利略和牛顿这样的人物，并对这个世界来说已经成为人类的普遍遗产。

宗教和文化

宇宙科学、形而上学和艺术体系之间的深层联系随处可见。从最简单的社会（他们有精雕细琢的美丽部落艺术），到历史上伟大文明里最复杂的艺术，艺术和宗教基本上是一个硬币的两面。

我们只需想想佛教文明的艺术史——建筑、绘画、文学，就可以看出佛陀影响了佛教文明的每一个分支，以不言而喻的方式塑造了佛教的风格和符号。无论是简单设计装饰的农村，还是金碧辉煌的寺庙和宫殿，佛教都在亚洲南部和东部传播了一种美学风格。色彩、形状、符号、布置，都深受佛教的影响，从极致的红色、金色和宏伟的寺庙，到简单的黑色、白色和禅宗的影响。

许多日常美学也受到了影响，无论是食物和其表现方式，还是精心制作的佛陀的饮品，即茶。佛教影响了一切，从药物、家庭关系、音乐和戏剧，到写作和教育。佛教是一种世界文化风格，尽管它的影响因不同的教派和流派而大不相同，但它构造了生活的方方面面。

基督教也是如此。尽管许多人现在觉得他们生活在西方的后基督教和世俗时代，但如果我们跳出所在世界的束缚，例如询问来自非基督教文明（如日本）的朋友，我们会立刻被基督教在所有事情上的影响力所震惊。

这在艺术上是显而易见的——几乎所有的西方绘画和传统建筑，甚至在文艺复兴之后，都透着基督教的影子。这在哲学和科学中也是显而易见的，比如牛顿只是众多伟大科学家中的一位，他们把追求真理既视为一种宗教行为，同时还是一种科学探索。这种情况在教育、官僚主义、法律、个人观念等各个方面都是显而易见的。

基督教的影响深深地植根于我们欧洲和英语圈的居民中，植根于我们对罪与恶、是与非、思想与行为的信仰中。我们的诗歌、戏剧、小说受前两千年的基督教遗产或明确或含蓄的影响。这种思想的基本法则随后被一些欧洲国家在全球范围内采纳和修改。

魔法与仪式

如果我们迅速扫视整个文明，就会有其他东西脱颖而出。这就是我们可以粗略地称之为魔法的存在。人与自然相互融合，却又以某种方式保持差异。

马克斯·韦伯在谈到中国的"神奇花园"时，捕捉到了中国的经验。虽然这可能不是那些曾经参观过或看过上海或北京图片的西方人立刻想到的景象，但毫无疑问的是，中国长期的发展轨迹确实可以被看作是"神奇的"。

你只需审视中国哲学和"宗教"的基本原则，就可以发现其中很大一部分基于一种系统化的观念，即人与自然就像阴和阳，它们深深地融合在一起。这对于道教万物有灵论的世界来说很重要（自然有"灵魂"或"精神"）。然而，它也存在儒家思想中，当然也存在中国佛教的著作中。

历史学家李约瑟在许多中国的思想中发现了这样一种万物有灵的系统性的信仰，他认为这是古代中国没有像西方那样在医学、机械和科学等方面有所突破的主要原因之一。

无论它对科学和技术有什么影响，它都是一种生命观，认为人与自然界之间没有巨大的鸿沟，有一条"存在链"，我们都是大自然的一部分，与岩石、树木和动物没有什么不同。

在日本，情况是一样的。以孔子及其追随者为代表的由人类主导的理性世界观在日本并不处于核心主导地位。相反，Kami，即非人类的、不可理解的"自然"力量，在日本随处可见、无所不在。人类在出生时像植物一样出现在大地上，然后死亡并回归大地。人类与其他生物，甚至是像计算机或建筑物这样的实物都没有区别。他们不是特别的，也不是由造物主，不是由上帝创造了来统治大地上其他生物的物种。正如我所发现的那样，日本几乎完全被这种思想迷住了。

当我们看向天主教主导下的欧洲时，我们身处一个半迷幻的世界。希腊、罗马和基督教中某些清教，已经实行了部分分离。人反对自然。人被赋予了统治自然的权利，被创造成一个不一样的存在。伊甸园的神话象征着人与自然的原始统一。当亚当和夏娃被逐出伊甸园时，这种统一就已经失去了。

当然，当我们想到天主教时，我们似乎仍然在一个满是魔法和幻术的世界里（当然，这是从新教批评家的角度去看）。因为他们仍然相信奇迹，比如葡萄酒和面包实际上变成了肉和血，比如圣泉和圣山，又比如圣徒和他们的神迹。在更极端的变革或个人那里，我们似乎已经前进到了一个几乎纯机械化的世界，就像笛卡尔哲学体系那样。

英语圈也是部分混合的。浪漫主义诗人、儿童故事作家和一些牧师仍然试图保持这种魔力。然而，总的来说，正如基思·托马斯（Keith Thomas）在其著作《巫术的兴衰》（*Religion and the Decline of Magic*）和《人类与自然世界》

(*Man and the Natural World*)中所展示的那样，从魔法中觉醒在很大程度上取得了胜利。自然界，正如诗人们哀悼的那样，是死去的物质。托马斯·霍布斯认为，最后一个精灵在17世纪中叶被英国内战中的第一枚炮弹击毙。事实上，精灵们可能早已死去。如果我们想在英语圈找到魔法，我们必须去拜访凯尔特人生活过的边境地区。

这种分离对科学和效率是有好处的。然而，正如许多作家和哲学家所指出的，这也是一种情感上的损失。人类与自然在四个文明中的不同关系所产生的影响，目前也被赋予了新的重要性，尤其是在我们试图掌握人类对自然界的巨大影响时。这些影响包括生态变化（特别是气候）、工业化和人口过剩。

对人与自然界关系的不同态度也以另一种方式影响着日常生活。例如，击鼓祈雨或举行圣餐礼来祈祷农作物丰收。任何熟悉日常生活的人，都会在人与自然融合的文明里注意到许多试图操纵隐秘力量的大大小小的仪式。无论在过去还是当下，在中国、日本，还是欧洲，都充满了仪式。

虽然英语圈充满了重复和规范的交际行为，包括形式化的问候和交谈在内的许多礼仪，但总的来说，似乎并没有标准意义上的仪式。我们在朋友的陪伴下，独自生活在一个少有魔法和奇迹的新教世界里。然而，我们并不试图通过操纵"自然"符号来使用无形的力量以达到我们的目的。

第四节　美梦与噩梦

想要洞察一种文明的核心极其困难，一种间接而有效的方法是对日常生活中的美梦与噩梦进行研究。美梦，抑或是我们所追寻的理想行为模式，可以告诉我们这一文明的期望。而噩梦，焦虑与担忧不仅反映出对权力的恐惧，认为其会对文明的核心和认同产生动摇，也同样揭露出这一文明最坚定的信仰和制度。害怕与恐惧，通常来源于过去几个世纪，却仍然对当今人们的行为产生影响。

美梦

通过研究个人典型，我们得以探索一个文明的核心追求，尤其是它的权力体系。在我所选择的四个案例中，我们将对统治者和引领文明的精英进行观察，他们在某种程度上也是其他95%人口的典范。

汉语文化圈

在两千年间，中国被英才教育制度所统治并受儒家教育理念的影响。这一体系最重要的成果是（旧中国的）官吏。因此。他们个人所拥有的品质既使他们能适应高水平的文化和艺术生活，也同样是完美的公职人员，这不足为奇。这种温文尔雅且备受尊重的人物在英语国家，大概对应着那些做过高等文职工作之后，最终任职牛津大学、剑桥大学学院院长的英国"官吏"们。

儒家理念中的君子，也就是理想中的官吏，除了需要拥有超高记忆力、满腹经纶、坚忍不拔和孝悌忠信的品质，还需要具备管理能力、良好的口才和数学能力。他必须可靠、清廉且以工作为重。他需要合乎礼制，恪守礼仪，头脑清晰，逻辑清晰，顺从规矩，性格温和且容易相处。他需要善于交际并品位高雅。

这种理想形象由来已久且变化缓慢。从8世纪的唐朝或者更早，儒家官员的理想典型就已经得以被识别。五个世纪后的马可·波罗可以从官吏早期的特性来辨别出他们，而再过五个世纪的马戛尔尼依然可以将他们认出，因为他们一直如此。

帝王之下，官吏共同创造了中国的许多历史和文化。如今我对自己在中国的发现有了更深的了解。我认识的人，从乡村百姓到大学教授，他们普遍是温和、忠诚和有教养的，这和儒家的某些典型方面相互映照。至今我仍能看到中国的学校在教授这些内容。它为我们树立了伟大的理想。

日本文化圈

当我们转向日本，一切变得大相径庭。他们的理想型与这个岛国曾经的封建社会完全契合。它是武士精神和儒教、神道教、佛教融合的产物。它是日本统治集团的道德规范。日本的武士家臣，在西方语境下就是所谓的中上阶层。

这些封建战士的理想典范，在过去百年间被撰写为"战士之道"或"武士一道"，尽管这一术语在近期被广泛使用，它指的是在封建主义国家里通过军事主义中央集权来下放权力的一种更为古老和重要的存在。

武士道这一术语的发扬光大源于新渡户稻造的著作《武士道》。他总结了武士道的八种精神：义、勇、仁、礼、诚、荣耀、忠和克己。与之相关的精神有：孝敬父母、聪明睿智和兄友弟恭。

仔细观察这些精神，它们似乎和英国绅士主义非常相似。这或许不足为奇，因为人们公认现代武士道的产生部分受到19世纪晚期对英国绅士主义尊崇的影响。

首先，如果我们将日本武士与中国官吏做对比，我们会发现许多相似和重合的地方，比如忠诚、尊重、正直，以及儒家美德中的孝敬父母、聪明睿智和兄友弟恭。但我们也发现，武士十分重视军事才能（勇敢、荣耀），相对忽视知识和审美品德，并不关注艺术和文学发展，也没有直接强调公平公正、记忆能力、明辨是非的行政水平。

另一个明显的区别是，武士对他的领导阶级——大名和天皇，有着无法撼动的忠诚。如果因为某些原因无法维持忠诚，武士应选择自尽，他们自身是没有价值的。而官吏对帝王的忠诚则是有限的，有时帝王会被推翻。官吏可能会出于服从"天命"的职责而反抗帝王权威。

对于日本来说，他们的个人理想典范十分古老，可以追溯到一千年以前，尤其在12世纪和13世纪战火纷飞的封建时代备受尊崇。

欧洲文化圈

想要对欧洲进行概括并非易事，在这个高度多样化的大陆，时间和空间上都有巨大差别。让我们对最光辉的岁月（文艺复兴）中诞生的最具代表性的作品——巴尔达萨雷·卡斯蒂利奥奈（Baldassare Castiglione）的《侍臣论》（*The Book of the Courtier*）来进行分析。该书于1528年在威尼斯发表，并在1561年发布英文版。

该书翻译成英文后，对英语中绅士的概念产生影响，也因此影响到日本。基于该书对欧洲文化特征的反映，如中央集权、半官僚主义、宫廷环境、城市生活和文雅品格，这本书对我们的研究来说再适合不过了。

在卡斯蒂利奥奈时期，侍臣并非仆人，他们不像18世纪宫廷的侍从一样屈从权贵或软弱无能，而依然是活跃着的具有思想深度的审美家和谏言者。他们思维灵活并有创造力，值得成为共和党领袖和伟大艺术家的伙伴。他们是"文艺复兴风格的人"，充满文化又谦虚幽默，是高度文明达到顶峰的缩影。所以我们需要对其进行总结概括。

鉴于侍臣是能够和哲学家、艺术家、历史学家及政治家谈笑风生的知识分子，他们应该具有敏捷的才思。他们应饱览人文艺术，熟读经典著作，精通绘画音乐，并擅长数学地理。

侍臣需要擅长表现自己，作为谏言者，有时也是领导者，他需要具备说服力和魅力，用他走路、落座、微笑、舞蹈和穿衣的仪态，来给他人留下深刻的第一印象。他的着装、言谈和修辞技巧需要能够引导人们追随他。

侍臣并非只是无名小卒或他人的附庸。他需要具备勇士精神，因为他可能会被命令带领军队和保卫城市。他需要身体健壮且擅长武术。他需要性格幽默，有创造力，为他的赞助人提供支持，因为他是领导者忠诚的朋友和有力的依靠。

他的魅力一部分来自他并不会过于傲慢的品行。尽管博闻强识，他将自己的优越隐藏于谦虚之中。在一个被嫉妒和争夺宫廷权力所充斥的世界，这一点似乎尤其重要。这同样也为他华丽耀眼的表现增加了影响。

　　这种态度可以被形容为"潇洒"。它是"云淡风轻""毫不在意"和"不费力气"。彼得·伯克（Peter Burke）形容侍臣的典范是具有"深藏不露的艺术，对所做和所说的事情展现出似乎不费力气和不经思考的态度"的人。

　　这种谦虚、低调和轻而易举完成某事的方式，与英国绅士的低调和明显的"业余"形成了有趣的对比。尽管事实上，英国绅士的出现，可能是受到卡斯蒂利奥奈这本书的影响，加上小规模而界限分明的统治阶层中反对"赛德"特质（英国公立学校中形容自夸自大的词）的压力。

　　同样，我们也可把它视作一种长期典范，我们在13世纪关于乡村之爱的吟游诗歌中发现了它的存在，可能是受到阿拉伯典范的影响。在现代世界，这种追求依然持续。欧洲大陆上的某些顶级思想家、艺术家和政治家依然渴望成为"文艺复兴风格的人"。他们在精英中学和大学受到强化教育，培养了对逻辑、修辞、才智和记忆力的重视。他们依然想要成为当代的侍臣、奥林匹亚的思想者和创造者，使欧洲的现代宫廷熠熠生辉。即使这些宫廷不再位于凡尔赛宫，而是在夏纳，在左岸、斯特拉斯堡和布鲁塞尔。

英语文化圈

英国绅士的核心典型引起许多人的兴趣,因为这种现象和许多人的人生经历截然不同。它似乎远离欧洲大陆其他国家,但又显然受其影响并同样对其产生影响。

此外,它是对英语文化圈某些特性的一种直观体现。同样地,这也是基于个人兴趣的研究,如下所述,我所受到的大部分教育都试图将我变成合格的"英国绅士"。因此,我可以同时以旁观者和参与者的身份从体系内部对它进行描述。

对于英格兰的老邻居法国来说,这种奇怪类型的特质和重要性再明显不过。伊波利特·丹纳(Hippolyte Taine)在19世纪写道:

> 我一直试图真正了解那个最重要的词"一名绅士";它反复出现并表达着一个复杂的英国化的概念。关于男性最为重要的问题总是以这种形式出现:"他是一名绅士吗?"同样的,对于女性则是"她是一位淑女吗?"……在法国,我们并没有这样的词,因为我们没有这种东西。而在英国人的理念中,这三个音节可以概括英国社会的整个历史。

丹纳描绘了英国绅士和法国绅士的一些基本差异。他认为英国绅士的本质源自他们的性格。丹纳写道：

> 对于法官来说，绅士最重要的品质来自内在。当我在外交部门谈到某个优秀的贵族时，B告诉我"他不是一名绅士"……对他们而言，一名真正的"绅士"才是一个真正的贵族。他们有资格发号施令，无私而正直，愿意为所追随的事物暴露和牺牲自己。他不仅是个正直的人，更是个认真尽责的人，他们完善的思维肯定了他们的善良天性，他们天生举止端正，并因遵从原则而做出更为正确的举动。

综上所述，英国绅士的核心特征包括他们的个性、正直和可信，是一种清教徒式的真挚和真切。在高度流动化、契约化和独立化的英语文化圈，信任陌生人的能力和假定他者诚实的能力是绝对核心。"绅士的言论是他的契约。"没有它，大英帝国就不会拥有遍及全球的英国网络，而它也是现代市场经济的基础。

这一核心典型的长期发展是它的另一个特征。杰弗雷·乔叟（Geoffrey Chaucer）在"武士的故事"中建立起这一典范，描绘了"一个真实的、完美的、出身良好的武士"。我们在莎士比亚的笔下发现了他，在简·奥斯丁、特罗洛普和狄更斯描绘的正直名流中发现了他。这些都是我学习过的榜样，是我在20世纪中期上学时所接触到的"优秀绅士"的典范。

这些精妙而有力的典范吸引了全世界的关注。它们通过英国风格的绅士教育机构席卷全世界，在强调性格的同时也同样强调智慧。

正如其他多元符号一样，这个典型一部分的吸引力来自它难以捉摸的模糊性、灵活性和内在的矛盾性。这是构筑坚忍个体的教育，这样的人无论被如何打压，都能够应对和存活。他或许很业余，或许很执拗，或许羞怯沉默，他或许像个大小孩。他也许不能与充满艺术气息的、闪耀的欧洲侍臣相提并论，在许多方面也比不上严肃而博学的中国官吏，但他是你可以去依赖的人。

在这个社交媒体化和大规模国际移民化的时代，我们无法确定这样的绅士能否长存。但他与他所对应的官吏、武士与侍臣一同，代表着一类文明。

噩梦

汉语文化圈

公元前221年的秦朝通过大规模的战争和征服实现统一。中国对社会动荡有巨大的恐慌。几个世纪以来，各朝皇帝一直害怕那些星星之火，它们一旦燃烧起来，就可以摧毁成千上万条生命。

中国由这样微薄的权力维系着广阔的地幅。正如这个王朝的历史上所记载，几乎每年在这个国家的某些地方都会发生饥荒，这也总会带来人民的不满和反抗。如果不被及时镇压，那么小型运动可能会导致各地大规模爆发起义。

这是中国历史的固定模式，但让我们聚焦1644年至1911年这一段清朝历史。

中国的西部地区起义频繁爆发。这些起义和远征受到清朝的镇压，对于一些起义，我们可以将其视作现行政策的产生背景。少数民族所在省份构成了几乎半个中国的领土，而对这些民族的忧虑情绪在当时一直存在。许多人都认为他们会组织大规模分裂活动，将中国的一大块领土分离出去。外国势力对分裂活动的支持加深了这种警惕。

当"清军入关"，它在中国南部、中部和东部地区面临两个主要挑战。一是各部落族群对清朝统治的反抗和无视，这是一种长期威胁，以18世纪尤甚。在18世纪爆发了多次起义，比如广西的部落起义，苗族起义，以及包括云南在内的南部省份的民族起义。

这些起义的镇压策略与大英帝国使用的手段十分相似，都是用一个民族打败另一个民族。比如说，土家族曾经被用来镇压苗族和其他民族，就像明朝用西北少数民族镇压云南的起义。如今，这种威胁已经基本解决。然而，汉族与少数民族的关系依然是中国历史上一个重大主题。

第二种类型的威胁尤其引人注意并有预见性。这种动荡形式对当代西方人来说较为陌生，但它与西方中世纪的"救世主运动"非常相像。

这种救世主运动或千禧年运动的特点是宗教狂热主义团体的突然崛起。对于成千上万认为当前世界濒临末日的人来说，这些运动所传递的信息为他们带来了信心。通常会出现一个魅力超凡的人物，有时是一个基督教救世主，他（迄今为止一直是男性）会告诉信徒他们无法被摧毁，并可以颠覆世界。他会宣称上层阶级会变成下层百姓，而贫穷的百姓将跻身上层社会。在充满平等和爱的新时代，一切当前的不平等和痛苦都将消散。有些人认为这种元素存在于法国大革命之中，同样也存在于19世纪和20世纪的革命之中。

日本文化圈

日本人害怕什么呢？日本这个国家也是建立在征服之上。对日本来说，这种征服来自对日本土著居民阿伊努人的驱逐。现在阿伊努人已经几近灭绝，他们都被杀害或者驱逐了。

在过去一千年，日本的身份认同和基础的政治与社会结构并没怎么受到内部和外部的威胁。在"二战"前，只有两次例外。第一次在13世纪，中国的元朝试图侵略日本，被日本的"神灵之风"①击退。第二次是16世纪时，葡萄牙人和荷兰人带着最新的科技和福音基督传教士抵达日本。

  在16世纪某段时间，大权在握的领导人信奉基督教（尤其是在九州南部），而幕府默许它的存在。看上去这个国家好像要转向一种一神论的宗教——基督教。然而在一代人的时间内，幕府便对其心生疑虑并剥夺了它的合法性。短短几年时间，基督教徒便被打败了。之后发生的事，更彰显出日本文化的本质。比起对少数派宗教存在的允许、抑制和容忍，日本将这一威胁斩草除根。基督教徒被处死，通常是被钉死在十字架上。他们的财产和家庭也被摧毁。即使是某些需要携带面包和葡萄酒的活动，也都被认为是圣餐仪式秘密有力的象征，在日本被完全禁止。因此半个世纪后，尽管事实上还有少数幸存者，这一宗教被完全瓦解，日本的统一性得以重建。在接下来的两个半世纪中，一切具有传播性质的思潮和人群都被严格隔离，禁止进入日本。

  如今情况当然大不相同。基督教广泛传播，基督徒占据日本总人口百分之一。日本人有对救世主运动的紧张情绪，通常源自左翼的本性。最有名的是末日邪教奥姆真理教，它在1995年日本地铁发动了沙林毒气袭击。

  总的来说，日本人对于他们当中的"他者"有特别的回应。只要这些因素在进行渗透时并不招惹是非，他们就可以

---

① 元军入侵日本时刮的一阵足以摧毁元军船只兵甲的台风，当时日本人相信是天皇的神灵帮助铲除了元军，所以称作是"神风"。——译者注

被忽略。因此，在日本有很多来自世界各地的外来务工人员。他们没有合法地位，却被广泛了解和包容。同样的在很长一段时间内，韩国人也处于这种位置。

他们有自己的大学和平行机构，却不受法律认可。或者在其中还藏匿着我曾写过的"部落民"。只要这个极度一致性的社会能够维持表面的统一，日本人的身份认同能够维持形式上的纯粹，那么他们可以接纳外来人的存在，尽管外来人会被严格隔离并赋予极少的权利。

欧洲文化圈

诺曼·孔恩（Norman Cohn）在他的著作《欧洲的心魔》(*Europe's Inner Demons*) 中，对过去百年欧洲的详细情况进行了概述。这是对他更早的作品《千禧年的追求》(*The Pursuit of the Millennium*) 的延续，在该书中他记录了中世纪欧洲的许多救世主运动。他所描绘的噩梦让我们进一步了解到非常重要却通常不可见的欧洲文化核心。

这种普遍而独特的现象基于三种相交特征。第一个特征是：欧洲一千年间都是犹太教、基督教和伊斯兰教这三种一神论的战场。

第二个特征是我曾暗示过的，就是说欧洲作为一个整体，它的文化和社会都是统一的——如果你想要成为法国人、西班牙人或是意大利人，遵守法律和纳税是远远不够的。你需要像一个法国人一样去信仰和去生活。这种信仰和生活很大一部分以宗教的意识形态呈现。西班牙人、法国人和意大利人的身份认同通过天主教得到展露。

与之产生某种关联的是在主流文化下，人们难以接受来自不同文化、社会架构和意识形态的团体和子社群。无论他们是犹太人、吉卜赛人、新教徒还是其他人，都会与更广泛的文化习俗发生摩擦。这种摩擦定期达到峰值，并导致毁灭性的灾难。之后多元化的社会重新回归令人不安的平静之中。即使他们中的敌人并不是真正的威胁，也会被虚构成那样。

让我对过去一千年间欧洲噩梦的几次主要爆发进行简要叙述。第一次重大威胁是来自对基督教敌人植根于欧洲南部（尤其是法国南部）的恐惧。这是一次受到东方信仰鼓舞的道德和智慧运动，对圣经的正统信仰产生冲击。它被称为摩尼教，是一种二元论的宗教体系，有基督教，诺斯替教和异教的元素。摩尼教始于3世纪（约216年—约276年）的波斯，由摩尼所创立，它以假定的光明和黑暗之间的原始冲突为基础。

摩尼教的信仰对基督教的核心教义产生冲击，比如基督教认为上帝是万能的，他统治天堂和人间。而摩尼教认为宇宙被分为善（天堂）和恶（统治人间）。人间的恶与天堂的上帝同样强大。摩尼教还有许多其他理念，但这一条挑战了整个基督教所传达的信念。摩尼教得到了许多达官贵人的支持，尤其是在欧洲南部地区。

欧洲与摩尼教的战争在阿尔比（又称卡特里）十字军战役中（1209—1229年）达到顶点。阿尔比十字军战役是由教宗诺森三世发起的，为铲除法国南部隆格多克的阿尔比教徒而进行的军事讨伐。在法国国王的命令下，一系列残暴镇压摧毁了卡特里派教徒。第一个魔鬼被驱除了。

然而，在欧洲人的想象中还潜伏着其他魔鬼。其中反复困扰着欧洲的一个魔鬼是犹太人。从中世纪的大屠杀，到后来的犹太人居住区，再到对犹太人频繁的驱逐和迫害，成了欧洲历史的一个专题。

这也是希特勒将消除犹太人计划命名为"最终解决"的原因，这是核心基督教对"欧洲人""雅利安人"身份认同而将其他人种赶尽杀绝的方案。这是作为反犹太主义最为显著和最近的案例，它对欧洲文化产生了深刻影响。

第三个魔鬼是对内讨伐伊斯兰教的运动，持续了几乎七百年，直到1492年才结束。战争主要发生在西班牙和葡萄牙，并在临近结束时获得了天主教廷的资助。教会和国家联合起来实现对欧洲一神论争夺的大清洗。除此之外，从11世纪开始，开展了一系列血腥的运动，意图重新征服耶路撒冷，因为那里被认为原本是属于基督教的土地。

在与带着确切信仰的"异教徒"斗争的同时，从15世纪开始，也出现了一系列对魔鬼的战争——女巫阴谋论。这些行动同样受到天主教堂和国家的支持。看起来，通过对法律制裁和特殊合法措施的使用，人们似乎找出了针对欧洲文明的阴谋。撒旦和他成千上万的信徒组成了许多地下"小组"和"女巫会",意图推翻基督教。

据说女巫杀人如麻,破坏财产,聚众淫乱,生食人肉,还亵渎和破坏神圣的基督教仪式,比如圣餐礼。在三个世纪中,数以万计邪恶的个体经受审判并被处死。而直到18世纪人们才确信女巫并不存在。他们是那个时代的"恐怖分子",但他们是被权力机关制造出来平息所谓阴谋的产物。他们是幻想中的恶魔,在那个时代,许多伟大的人物也对此深信不疑。

作为欧洲生活的背景,20世纪中期的德国又出现了一个噩梦。这一次的威胁来自非洲和中东地区非基督徒的大规模涌入。让我们希望欧洲能从它过去悲剧性的过度反应和虚构中学到些什么吧。

英语文化圈

中国、日本和欧洲的许多噩梦都与意识形态、道德和文化的威胁有关,而英语文化圈的噩梦更为一维化。这大概可以通过英格兰和美国的"起始点"来解释。

对双方而言,他们的起点都是与邻近部族的扩张战争。撒克逊人大规模扩张,消灭和征服了许多不列颠人、凯尔特人以及附近其他民族的居民,并将土地合并成为自己的王国。他们有着公开和明显的敌人,就是那些携带武器的政治对手，撒克逊人可以将他们杀害或者让他们缴械投降。因此苏格兰人被征服了，爱尔兰人和威尔士人也是一样。

尽管也爆发了少数几次反犹太主义和迫害女巫的活动，英国在规模上和本质上都与欧洲的现象十分不同。他们最害怕政权颠覆，无论是被罢黜的斯图亚特国王的追随者，还是后来的法西斯主义，都让他们恐惧。总的来说，新教徒在文明社会中的聚集和发展，使他们得以包容各种不同的理念。在帝国时代，身处家园的英国人并不把文化差异看作是对他们核心身份认同的巨大挑战。

美国接受了这一世俗化的新教徒观点，但很快开始对撒克逊人征战时代的重现。他们的敌人不是苏格兰和爱尔兰民族，而是本土印第安人部落和联盟——包括苏族、夏安族和克罗族。两百年间，他们几乎完全摧毁了北美的原住民，而火药武器成为这些拓荒者的优势。

因而美国的诞生伴随着迁移、战争和开拓，一只手拿着枪，另一只手拿着圣经。在这些开路的枪支背后，是装着威士忌、廉价制造品、耕犁和牲畜的马车。

在好几个世纪中，除了北方拓荒者和南方奴隶主的分裂之外，这块广阔的大陆并未受到来自国内外的真正威胁。直到飞机和火箭问世，以及大量移民涌入，美国才开始担忧起"他者"。

像英国一样，美国所受的威胁更为一维化：对政权的威胁。尽管在17世纪的萨勒姆镇出现了几例巫术案件，但这只占极小一部分。20世纪中叶的非美调查活动委员会恰如其名，在参议员麦卡锡的领导下，他们使用了和反巫术运动十分相似的方法：传播流言，暗中监视，并要求人们举报自己的朋友。在一段时间内，委员会揭发了许多"阴谋"。而如同对巫术的恐惧一般，当受到质疑和曝光之后，这项极端活动土崩瓦解。

但是因此造成的人们对于政权颠覆的恐惧并未远去。或许是对这类事情过于无知和缺少经验，美国格外容易反应过度和发生恐慌。回顾最近发生的事件，多数人认为，美国"9·11"事件之后产生的对公民自由的动摇，对于监视和酷刑的滥用，以及《美国爱国者法案》的出台，是一种过度反应。然而，看上去这并不会是最后一次极端反应。

过激行为与英语文化圈中的某些元素相契合。想要反驳这些自我实现的预言和极端反应尤为困难，因为尽管有些恐惧被过度夸张化，但它们确实有着牢固的根基。

总有一天人们会意识到那其实是西方社会自我焦虑的反射，部分可以追溯到一千年前关于宗教意识形态的战争。

当然了，西方因对上帝意志不同理解而产生的这些战争，从中国的角度来看会非常困惑，因为中国人并不相信上帝的存在。但考虑到欧洲的历史和当今世界全球即时通信和大规模人口迁移的环境，我们得以开始了解西方的内部动态。

第五节　　差异与包容

对多元文化主义的恐惧

塞缪尔·亨廷顿的书一半讲述各个文明之间的碰撞,而同样令他关注的,是文明间在另一个层面的战争——就各个文明的内核和内部动态而言。这两种论据互相交织,如下文所述。

内部的多元文化主义威胁着美国和西方;外部的普遍主义威胁着西方和世界。这两种都否定了西方文化的独特性。全球的一元文化主义者都希望世界变得像美国那样,而国内的多元文化主义则希望美国变得像世界那样。多元文化主义的美国并不可能存在,因为不西化的美国就不是美国了。而多元文化主义的世界是势不可挡的,因为一个全球性的帝国并不可能存在。对美国和西方的文化保护需要对西方身份认同的复兴。世界的安全性需要对于全球文化多元化的接纳。

亨廷顿指出,在全世界文明中人口和移民大规模增长,以及思想、技术和物质文化的快速传播,意味着各国的身份认同会受到外来文化渗透的威胁。看起来亨廷顿对此十分担心,尤其是关于来自拉丁美洲的渗透方面,他最新的一本书名为《我们是谁?美国国家特性面临的挑战》(*Who Are We? The Challenges to America's National Identity*)。

亨廷顿认为将"多元文化主义"拒之门外的想法不仅很有必要,而且切实可行。他的理念在当时的背景下更容易理解,因为从25年前他写下第一篇文章起,世界已经发生了巨大变化。通过电视和网络,人口与信息的流动呈指数增长。在亨廷顿写下这些话的那个时代,建一堵隔离墨西哥的墙的想法也许还有可行性。而现在看来就荒谬可笑了,就像是打算在欧洲建墙和建隔离栏阻止东方和南方的移民进入欧洲,这如同贴了张创可贴,表明"做出了应对",进行了某种控制。

考虑到目前形式的发展,我们需要采取一种新的措施,让我们既可以参与文化多元化,也能保存文明核心,并在必要的时候确保文化的统一性。我们需要找到一种解决方法，让我们能够信守我们独立的文化认同，并忠于和热爱我们的文明。在这些领域，社会人类学作出了很多贡献，因为它一直关注着文化的差异性和相似性。

应对差异

汉语文化圈

在历史进程中，中国通过两种方式来应对差异。对于那些不知敌友、差异巨大的邻国，朝廷的应对方式是将其视作朝贡国。如此一来，邻国可以保持他们的自有体系和特征，同时他通过定期去中国觐见、表达从属的地位和对帝王的尊敬，来表明他们不会造成威胁。这种关系经常通过互赠礼物和互赠寄语来巩固。同时这种联系也经常通过人员往来得到增强。这不是西方理念中的帝国，不是通过占领和征服，而是建立了一种长兄和幼弟的相处模式。

中国面积辽阔，是一个有着悠久历史的古老文明，我们发现其体系在某些方面和大英帝国十分相似。大部分的中国历史中，少数民族被允许保留文化和社会差异，但需要遵守一定的政治法律。许多个世纪中，少数民族享有高度自治。从清朝（17世纪晚期）开始，中国的行政官以地方官的形式，代替了地方首领的治理权。

通过这些方法和中央集权的体制，从第一个统一王朝起，这个比欧洲更大的地方在近两千年间的大部分时候都保持着统一。这是一项杰出的成就，也为整个世界上了一课。

日本文化圈

日本的体系完全不同。日本一直是外界新兴理念和科技的输入对象。他们的输入主要来自中国和韩国，但近些年从西方学得更多。他们成功吸收了外来的精华，对其进行升华，使之日本化，并与本土文化协调一致。因此有了关于竹子被弯折后依然回到原处的比喻。在过去一千五百年间，他们成为文化海啸席卷中的幸存者。

另一方面，对于吸收外来人口，他们采用一种内部凝聚力的模式，排除所有不相容和不纯的他者。他们倾向于排斥他者，但当然也有例外。事实上日本人本身就来自不同的地方，他们是来自各个岛屿的、有着巨大内部差异的混合族群，但这一点总是被忽略。他们非常认同同质性和文化统一性。

欧洲文化圈

欧洲对此也有两股理念相互纠缠，一是由于欧洲自罗马帝国瓦解后各个国家各具差异，因此欧洲内部长期存在大量的人口迁徙。各个国家的边界都较为开放，他们接纳来自邻国的移民，也让自己国家的居民去其他地方工作和结婚。所以，就像欧盟的理念一样，这是一个开放的和某种程度上欢迎客人的世界。而实际上，很多外来务工人员，比如在德国务工的土耳其人和葡萄牙人，他们被认为是"前来做客"的工人，换句话说，是只来一阵子并最终会回"自己家"的人。这是另一种强烈的趋势。

对此我能想到最好的描述是，在欧洲许多地方，身份认同并不只是遵守法律和交纳税赋，而是一种对文化的存在认同。直到约一百五十年前，在欧洲大部分地区并没有现代"国家"的概念，人们是布列塔尼人、巴斯克人和巴伐利亚人，而非法国人、西班牙人或德国人。直至今日还存在这样的情况。尽管从19世纪晚期开始，人们就付出巨大努力想要对关系国家形象的语言和观念进行统一。

在前国家主义时期，由于宗教、历史、融合等各种因素，尤其是在各个帝国的模型中，产生了一个在"法国"或"西班牙"的统一体中生活的理念，它不仅涉及政治、经济和法律方面，也与文化息息相关。人们可以分享教育、语言、宗教、事物和习俗。他们曾是法国人、意大利人或西班牙人。无论他们生活在这个帝国与否，都持有护照，并享有自由进出祖国的权限。但它也会对文化差异性产生潜在威胁。

目前许多问题都来自这两种想法的碰撞，比如北非移民进入法国的问题。他们持有护照，但如果保留了太多原始习俗，他们就不是真的法国人，而是在别人家停留过久的客人。

英语文化圈

英语文化圈的模式也并不相同。其中一股理念自大英帝国时期就已开始展露，一直延续到英联邦时期。它要求文化和社会的严格分离。政治、法律和经济制度面向全体且必须被遵守。而社会和文化差异则是习俗和民间选择的问题。对于英国这样的小国家，当它殖民像印度这样庞大的国家时，并没有别的可行方式。由于它不能改变每个人的想法，那么只要能够创造财富，就"别惊动睡着的狗"（Let sleeping dogs lie.）[①]。

另一股理念认为，由于输出了阶级制度的模式，英国被势利小人和对地位无止境的争夺所分裂。同时英格兰法律和政治生活中对立和争辩的本质得到输出，尤其体现在其在资本主义市场的表现之中。

历史的教训

让我们暂时放下这些东西。我们能够归纳每个解决方案

---

① 英语俚语，意思是不要自找麻烦。——译者注

中可能有用的观念吗？我们能够从中学到帮助我们构建统一性和差异性的全球模式的内容吗？我的选择如下：

如果你是一个超级强国，中国历史上的朝贡体系也许是一个合理的模式。企图攻占邻国在当今并不可行，不如让它们展现尊敬和好意，加强经济和文化合作。另外，语言和教育制度在内的统一和把决定权下放到更低层级的方式，对一些国家来说是个不错的模型。

日本的杰出贡献来自其对理念和科技的吸收与完善。日本吸收了许多中国和西方的优秀发明，很快理解了其中的内部精神，并对它们进行提升和完善。从茶道和陶瓷，到录音机和汽车，都是很好的例子。日本人十分精通设计和制作，在这个不断兴起涌入新兴理念和新生事物的世界，这是很大的优势。

欧洲作出了两大贡献。一是它的多样性和文化遗产使它成为音乐、艺术、文学和哲学的世界文化中心。这一传统曾经并持续激活着这个世界。二是它开放内部边界、鼓励人口迁移获得更好的生活的模式，如欧盟的存在和德国对叙利亚移民的接纳。大规模人口迁移的悠久传统，使得欧洲认识到人口构成的复杂性，也得以了解移民活动对于原住国和移民国的益处。

英语文化圈，比如大英帝国，也有着积极的贡献。某种程度上，它的模式基于俱乐部的理念（英联邦），虽然有些成员的加入最初是别无选择。这个俱乐部的成员有必须遵守的规定，并必须遵守基本"人权"以及法律、政治和经济规定。只要接受和遵守比赛规则，人们如何开展活动取决于他们自己。

实际上，这个国家非常特别且令人讶异，因为尽管它时常深陷血腥、伪善和剥削之中，当它崩塌时会很快转变为一个俱乐部（英联邦）的形式，且这个帝国的大部分都依然同意保留君主（英国女王）并同意遵从多项规定。这说明了它的潜在优势。基于信任的概念和信托制度，它允许带着差异合作，这对于联邦化国家是个不错的模型。

把这些想法都汇聚起来，我们可以畅想一个世界既有统一的经济，又有统一的科技（已经大范围实现），还有统一的社会体制（日益增加）和一个既尊重小国家、也位于他们之上并可以消除他们之间争端的全面完整的政治制度。

文明的交汇：多元文化主义

除了各个文明间方方面面的问题，如今文明的交汇也带来了同样巨大的挑战。现在这个世界上的许多地方就像拥挤的森林一般，树木紧密相连且互相缠绕。大城市面临各式各样的文明，而即使是在遥远的村庄里对外界不甚了解的人们，也在现实和虚拟的沟通中直面各种文明。面对这种对旧的身份认同的威胁和文化与期望间不可避免的碰撞，我们要如何想出实际应对的方法呢？

身份认同的层次

一种方法是提醒我们自己，我们并非只有一个身份，而是具有多重身份，各个身份以金字塔式结构逐一构建起来，范围逐渐扩大但不会相互冲突。我第一次发现它是在学校的时候，我把这种结构写在我的个人财产上：

> 艾伦·麦克法伦，
> 初级活动室，
> 勒普顿学院，
> 赛德伯中学，
> 约克郡，
> 英格兰，
> 欧洲，
> 世界，
> 宇宙。

我属于某一间"书房"或"活动室"，与学院里其他的书房和活动室互争高下。但较之学校里其他六个学院，我们联合起来为自己的学院打比赛，并对它有很深的感情。同样的，所有学院都会团结起来，代表学校参加与其他学校的比赛，并为本校加油助威，而公立学校通过对其他类型学校的态度而紧密团结，比如我们认为"文法"学校会略次一些。

但最终对欧洲而言我们都是英国人，对亚洲人而言我们都是西欧人，对科幻杂志里的火星人而言我们都是地球人。或者像亨廷顿的理解一样，"人们的身份认同有多种层次——从不同层面，一个罗马居民可以将自己定义为罗马人、意大利人、天主教徒、基督教徒、欧洲人和西方人"。

这种想法构成我们大部分生活的基础，也是所有复杂组织的运作方向。你被某个层面上的差异所区分，又在另一个层面被统一，就像在军队或商业公司一样。例如，在中国历史上，朝廷通过儒家教育体系和官僚体制，从个人、家庭、村庄、郡县、省到国家的层面进行建设。个人在不同程度上可以处于上述的每个层面。因此这是针对多元文化主义的一种机制。它部分解决了多元文化主义的一个关键问题，因为你可以同时是一个尼日利亚人、西非地区的人和美国人，并没有必要对立起来。

身份认同的碰撞

这是一种开始，但并没有那么简单。许多分歧和矛盾的存在，使得身份"层次"的概念愈发复杂。可能是由于底层的身份认同和忠诚会更加强烈，当与高层产生冲突时，底层群众的身份认同更容易坚持。一个著名案例是，当E. M.

福斯特（E. M. Forster）被问到在背叛国家和背叛朋友间如何选择时，他说自己有足够的勇气背叛国家而对朋友保持忠诚。

这种对底层的（也有对高层的）忠诚是十分正常的。几乎在每个社会，人们对于家庭、宗族和同村人的忠诚都要远超他们对省、郡、州和国家抽象的忠诚。英格兰是个例外，因为它的法律建立在假定人们会出庭提供实证的基础上，无论这证据是否会导致他们的朋友、邻居或家人入狱。而中国的情况更为正常，因为儒家思想的核心是，当你对最底层关系的忠诚（你的父亲）和对最高层级的忠诚（帝国）发生矛盾时，你应当背叛帝王而为父亲尽孝。

冲突是英国校园生活中的一部分，许多校园小说对此有过生动描述。当我们的朋友犯了错，老师要求做错事的人向他的朋友们"坦白"，我们该怎么做？或者，如果国家要求你"通报"涉嫌犯罪的家庭成员，甚至潜在的恐怖分子，你该怎么做？抽象的公民义务是否优先于血缘和友谊？

这导致了更深的冲突。即使我最终成为地球上等级制度的顶点——国王、帝王、总统，但是人们对高于国家的存在的效忠，尤其是对一神论宗教和国际化的意识形态的忠贞，导致许多紧张的局面依然持续。如果上帝是最高层，那当上帝和统治者之间的职责发生冲突时，会发生什么？对此耶稣的回答是——"上帝的归上帝，恺撒的归恺撒"。这是一个开始——缴纳你的税赋，遵守世俗法律，但也要"追随我"。然而很快出现了关于良知的问题，对耶稣来说，他用自己的死亡解决了问题。

对于受到西方宗教入侵的人们来说，这一点尤为明显。比如当传教士到达日本时，他们带来了一神论主义的上帝，并要求个人对其绝对忠诚。

基督教的新教运动主要是想将个人信仰、良知和公众对世俗权力的接受做出分割。然而即使在这一点上，冲突从很久以前就已经产生。

玩耍与比赛

对多元化和一体化相结合的另一种理解方式是考虑将（政治、经济和社交上）约束我们并要求我们服从一致的规则，和有关表达与沟通的（文化、风格、语言和信仰上）高度可变并出于个人选择的规则，这二者进行区分。

在过去，对于巨大和多元化的帝国来说，这种区分曾非常必要。而如今，对像英国和美国这种内部多元化的国家，也依然十分必要。当我们将它与它的对立面——日本和欧洲大陆的一些国家做出对比时，它的本质展露无遗。在那些国家，文化和社会以传统方式兴起，因此二者的统一性十分重要。这种区别实际上在大英帝国成型之前就已经在英格兰出现，这在亨利布拉克顿所撰写的13世纪第一部法学著作中得以体现——《英国的法律与习惯》。法律必须具有统一性，而习俗则可以多样化。

欧洲大陆的解决方案是对文化（个人的信仰、穿着、饮食和语言）和社会（政治、经济和社会关系）的融合。就像对法国而言，把任何人变成法国人都是可行的，但他们需要采纳法国社会文化的全部并成为法国人。想要被完全接纳，他们需要接受法国的宗教、教育、语言和风格。

在英语文化圈，至少在理论上，这个高度原子化、契约化和个人主义的体系允许相似性和差异性存在。政治、社会、法律和经济规定在这个文明中被统一执行。人们必须缴纳税款，遵守法律并认同政治制度。有些基本原则没有商讨的余地——个人权利、平等和自由。而只要人们遵守制度，他们的文化则是个人私事。

这一特点是大英帝国成功的基石，也是当今多元化英国较为成功的基础。它和欧洲大陆或日本都并不相像，正如我们所见，亨廷顿对此也略有提及，"在各种严格意义上，比起种族主义者，法国人更像是文化主义者。他们可以接受非洲黑人在法国的立法机关里说流利的法语"。

中国由于巨大的国土面积和民族文化的多样性，对此也并不陌生。历史上中国面临着如何应对广阔土地上拥有不同语言、文化和习俗的人民的问题。秦始皇统一了行政和法律，统一了度量衡，也将汉字作为交流和书写的统一语言。而在子社群中（许多子社群的面积和欧洲国家一样大），人们依然可以保留他们的方言、风俗和文化，只要他们遵守普遍性法规并认同帝王的最高统治。

将规则制度和社会文化生活区分开来,这在中国和英国都十分可行,而它也可以并很大程度上已经在美国施行。对像纽约和旧金山这种城市的调查表明,就比赛规则而言它是一个熔炉,而就意大利人、希腊人和尼泊尔人等子群体而言不是一个真正的熔炉,因为尽管他们保留了自己的风俗习惯,但在某种程度上他们也是"美国人"。

但这也有很大的分歧。显而易见存在着一些临界案例。比如说,包办婚姻,一夫多妻制,(对某些人来说具有煽动性)宗教游行,某种吃动物和杀动物的方式,在公共场合的衣着,这些该如何看待呢?我们面对着文化和传统的日益融合,这种临界案例会变得越来越常见,而问题是总体上人们对其适应程度如何,比如人们对英国允许锡克教徒携带仪式性的匕首,并在骑摩托车时不戴头盔而是戴着头巾这种现象的适应程度。值得一提的是,社会规则和文化风格的区别并不是密闭的。新娘所嫁的人(社会)和她所穿的衣服(文化)在实际中是内在相连的。

对过去的再造

第三种策略使得人们的接触更为柔和,它存在于记忆和对历史的重写之中。几千年间,文明和小型社群从未分开过。人口、理念和物质的迁移沿着道路和海洋,穿过山川和森林，在现代则是通过电子通信进行发展。种族和国家的"纯粹性"是一个谎言，它被想象和创造出来，使得我们接近或远离他者。并没有所谓的"纯种"美国人。同样正如我们所见，你也不可能是"纯种"日本人。

而我们英国人，则是最为混合的群体之一。以我自己为例，直到最近我刚发现，我并非自己一直以为的英格兰人（盎格鲁-撒克逊人）或苏格兰人。通过对祖先的调查，我发现自己也是威尔士人、斯堪的纳维亚人、德国人、荷兰人、葡萄牙人，甚至可能还有一点印度人、缅甸人和牙买加人的血统。

这种混杂性并不仅仅体现在种族上，也体现在我们所有的文化特征上。这是大卫·休谟评价英格兰没有所谓民族性格的原因之一，他表示"我们可能总是会谈论某个国家里各种风俗和特性的混合体的美好之处……在这一点上，比起世界上其他人，英国人尤为卓越"，因而"英国人大概是世界上最缺少民族性格的人群，除非这种特点也可以被认为是民族性格"。人类学家拉尔夫·林顿（Ralph Linton）展示了人们对"纯粹性"的自欺，他写道：

> 目前现存文化中，10%以上的文化元素都由自己的社会群体所创造的文化很可能不存在。因为我们生活在高度创新的时代，我们容易认为我们的文化大部分都是自己创造的。但我们如果考虑到一个

普通人的一天，也许就能理解传播在文化发展中的重要性……

一个体面的美国公民，在床上醒来，床的造型源自近东，经由北欧改良后传到美国。他掀起床罩，床罩可能是用源自印度的棉，也可能源自近东的亚麻。他穿上东部丛林里印第安人发明的鹿皮鞋，走进洗手间。洗手间的各种装置是欧洲和美国近代发明的混合。他脱掉印度人发明的睡衣，使用古代高卢人发明的肥皂洗手。然后，他开始剃须，这是一种源于苏美尔或古埃及的受虐仪式。当他吸收了这些外来的毛病，如果他是一个良好的保守派公民，那么他会使用一种印欧语言向希伯来的神灵祷告，那么他是100%的美国人。

和其他文明一样，美国人，包括英国人，都是一种"想象"。就像丹尼尔·笛福（Daniel Defoe）所理解的那样——我们都是混血和杂交的产物，被随机组合成各种分类。我们对想象中的族群的创造和构建是为了让生活可以忍受，而与真正的"现实"毫无关系。因此在我们着重差异之前，我们很有必要意识到这一点，否则会产生"格托思想"，即将所有存在威胁的"他者"阻隔和驱赶出去，但事实上"他者"很可能是自己的某个远方表亲。

那我们该怎么做，才能掩盖通向自己的轨迹，学会"遗忘的艺术"？欧内斯特·勒南（Ernest Rena）认为这是构建一个国家的秘诀。这基本上是抑制某段记忆、再造失落的传统和创造共性。人类学家称其中一部分为"结构性失忆"。这种情况在像美国一样富裕和多元的社会中重复发生，正如托克维尔曾预测的那样。许多分析员表示，"美国""英国"和"法国"的概念是最近才被发明的。不同的起源、古老的差异和不安的过去都被遗忘，而一种虚构的宗谱被建立起来团结人们。这对文化同化很有帮助，尽管许多移民可能仍保留着文化多样性，但他们可以很快调整自己的过去来适应现在。因此，就像几个世纪以来不断涌入的其他族群一样，他们变成了英国人和美国人。

历史表明，文明能够在假装从未改变的同时迅速变化，部分是通过"传统发明"机制来实现。它们通常以曾经存在过的事物为基础，进行部分创新。作为岛国，日本和英国源源不断地引进优秀思想，并十分擅长使外来事物看起来像一个古老的本地习俗。

自由与容忍

当来自不同文明的人，或同一文明不同文化的人（匈牙利人和西班牙人，或苏格兰人和英格兰人）交往互动时，每个人在追求文化规范的自由边界会产生许多碰撞。约翰·穆勒（John Mill）①曾针对自由的限度问题做出建议，认为只要不侵害他人自由，我们可以做任何想做的事。可是如果仔细想想，就会发现这种想法并不会让我们感到更自由。星期五②出现之前，鲁滨逊在他的岛上享有绝对自由。但几乎所有其他人所做的（或没做的）一切事情都在某种程度上影响了他者。

例如，邻居间、家庭间和工作中的争吵、饮酒、吸烟、穿着和说话方式等，都是有争议的领域。可能我想抽烟、醉酒、赤身裸体或说一些离经叛道的话，这都会对他者造成影响。

绝对自由需要付出代价。这也提醒着我们，自由是有界限的，不是绝对的。自杀，暴食导致的过度肥胖，滥用药物，严重受虐、施虐主义和其他一些私下行为，都会对他人产生影响。加上人们对环境的破坏、自然的污染和恶化，以及对动植物的毁坏，人们所争论的自由就成了一团乱麻。

一个相关的雷区是关于宽容和不宽容。我们以宽容他人，宽容他人行为和言论为前提来开始讨论。我不认可甚至憎恶你所说的话，但我誓死捍卫你说话的权利。而很快的，宽容我们认为难以宽容的事情变得不可能实现。我们本身的宽容必须变为不宽容来自我保护。一种极端的形式是某人威胁要杀了你。如果你宽容并不抵抗，作为和平主义者，你自

---

① 约翰·穆勒（1806—1873）是19世纪英国著名的哲学家、政治理论家，西方近代自由主义最重要的代表人物之一。——编者注
② 《鲁滨逊漂流记》中的人物。——译者注

身的宽容会被消灭，而不宽容会以你的死亡宣告胜利。

为了保护更多的宽容，在某些情况下人们必须不能容忍——用对强奸、谋杀、毒品交易的不容忍，来保护"我们的"自由。而在国际层面，这些界限和对其的理解则更为复杂多变。

积极和消极的自由

另一个灰色地带是积极与消极的自由原则。以赛亚·伯林（Isaiah Berlin）[①]在《两种自由的概念》（"Two concepts of liberty"）一文中对这两者进行了清晰的区分，积极自由是做某事的权利，消极自由是免于做某事的自由。许多人从此文中受到了启发。积极自由的传统在专制政治体系中得以体现，比如卢梭的观点认为我们必须服从于"普遍意志"，这种构想认为国家有权为了"普遍意志"的利益而"命令你获得自由"。

这一理论与英语文化圈立场相左，代表有托马斯·霍布斯的理论，它认为我们最终有权抵制利维坦，还有约翰·洛克的契约制度，它允许我们反抗违背契约的统治者和父母。同样在儒家思想中，个人如果认为帝王品行不端，他们可以收回支持和忠诚，因为他已经失去了"天命"。

[①] 以赛亚·伯林（1909—1997），英国哲学家、观念史学家和政治理论家，也是20世纪最杰出的自由思想家之一。——编者注

正如我所提到的那样，对积极与消极自由的区分十分有助于描述英国制度背后的机制——比赛、俱乐部、伙伴和民主社会。"别踩草坪""别乱丢垃圾""别在附近携带很大声的音乐设备"，这些规定足以应对进入剑桥大学国王学院成千上万的游客。

不幸的是，消极和积极并没有绝对的界限。以足球比赛为例，有一些消极规则——你不能用手碰球，除非你是门将。你不能推搡或踢人。你不能"越位"（在你接球前，你和球之间必须至少还有一名球员和门将）。当球滚出场外，你不能继续比赛。

但当我们研究比赛时，我们发现如果没有积极的规则，比赛很快就会结束。你应该努力射门，你应该将球队利益置于个人利益之前，你应该尽可能保持身体健壮，你应该尽可能努力，你应该尽可能和你的对手一样有礼貌。

这二者的混合在"作弊"这一灰色地带尤为棘手。你应该尽可能争取胜利，但你绝对不能使用不公平的手段，比如违禁药品，比如贿赂对手，又比如在裁判没有看到你时违反规则。你应该带着体育规则的精神和实际的规则一起进行比赛。

很快地，最初带着一套简单消极规则的"内部"比赛变成了一整套对性格、动机、态度和意图的测试。这是我从沉迷比赛的童年中所学到的——"加油，加油，比赛加油"并不仅是关于比赛本身。这对于经济、政治、宗教和家庭的"比赛"来说也是同样。

法律中的歧义和冲突

我们社会生活的大部分都被规则和法律所引导。别做那个，做这个，如果你做这个那么会有如下的后果。事实上所有的法律体系都只能建立一个非常粗糙和外部的结构来引导生活，它们在大部分的社会生活中作用不大。比如你可以制定一个规则说禁止在公共场合扔垃圾，但是什么算是垃圾呢？是像苹果核这样的可降解物，还是口水，又或是香烟灰，还是其他杂物？什么算是公共场合呢？你将臭气熏天的垃圾放在自家前院，这算是"私人"还是"公共"场合呢？

这个问题可以复杂一百倍，就像A. P. 赫伯特（A. P. Herbert）在书中诙谐地描述的那样，尤其是他在《不寻常的法律》(*Uncommon Law*) 中举的几个例子：如果道路被洪水淹没，船只和车辆相遇，那他们应该遵守道路上的规则，英格兰是在左侧行驶，还是应该遵守海洋上的规则，在右侧行驶呢？或者，如果你将许多蜗牛从你的花园扔到邻居家的花园，你的行为是在法律允许的范围内吗？法律允许你驱逐自家花园里的野生动物，但蜗牛究竟是完全野生，还是因为在你的花园里居住变成部分家养的生物了呢？

另一种类型的问题来自法律条文和法律精神的冲突。法律最初是用于促进合法性，但在实际操作中很容易通过促进不公正而背叛法律体系的精神。在美国你可以合法对某人开枪，只要你认为他具有恶意行为，但这样做是正义的吗？你可以合法地将某位老妇人从她自己家里驱逐，只要你发现她遗失了所有权证书，但这样做是正义的吗？你可以合法地拒绝归还向朋友借的巨款，因为你从未签署或目睹合同。在这每一个案例中成文法都会站在你那边，但有强大的基础认为，法律背后的精神——被人们视作促进"公平"、正义和人们之间公正的体系，被破坏了。

法律和正义之间的区别，在英格兰法律中被明确承认，自古就有两条同等的法律分支：普通法和衡平法。普通法维护国法，源于法令和先例，法律的一般义务发生在普通法院。而衡平法源自国王法庭（君主法庭），不晚于11世纪出现，并在几个世纪后组成了一个独立法院。在大法官的保护和指挥下，它逐渐发展成和普通法院同样重要的法院。衡平法法院的流程十分不同，并且基于公平和平等的概念。尤其是衡平法有大法官法院和那些针对穷人的法院，比如恳请法院，使用更为不正式和趋于常识的衡平法司法权进行管理。

对于丢东西的人、从未签合同的人、穷人、妇女和儿童等那些在普通法中没有强大权利的人，他们可以向大法官法院申诉正义。他们可以通过大量的征询、委托和调查，了解争端背后的情境、隐性协议、过往历史和其中的联系。如果法院发现尽管东西丢失，只有口头合同，或只存在不正式的协议，只要就公平而言它是合理存在的，你就会获得支持。如果弱势群体无法在强权面前获得正义，那么大法官会越过法律伸张正义。

尽管大法官和其他衡平法法院在19世纪作为一个独立体系被废除，它的实践依然被保留并吸收到法律体系的其他部分之中。所以正式法规并不是全部。尤其重要的是大法官对于信托核心机制的保护。信托不能依靠普通法，因为它基于共同协议，以及基于忠实和信任，而这些受到衡平法的保护。

我们从中学到，在引领我们生活的各项简单制度体系中有无数习俗、文化限制和隐含理解，它们重新塑造了规则执行的方式。由于其中许多部分从未被解析或正式理解而导致很多文化发生碰撞，因为人们生活在不同的抑或相似的期望中。

最精妙的探索之一来自E. M. 福斯特的《印度之行》(*A Passage to India*)，它对英国人和印度人之间的误解进行精细的分析。这在莎士比亚的许多戏剧中也得以体现。比如说，在《威尼斯商人》(*The Merchant of Venice*)中"（割）一磅肉"，在法官的解读中是可以通过某种方式依法实施的，而夏洛克认为（读者可能也会认为）这实际上并非那句话的精髓，换句话说，这其实是一种法律上的欺骗。在威廉·S. 吉尔伯特（William S. Gilbert）和阿瑟·萨利文（Arthur Sullivan）那些最受欢迎的轻歌剧中，从《彭赞斯的海盗》(*The Pirates of Penzance*)和《艾俄兰斯》(*Iolanthe*)，到《日本天皇》(*The Mikado*)和《贡多拉船夫》(*The Gondoliers*)，其中都循环出现了法律的矛盾和分歧。

第三章

接下来怎么办

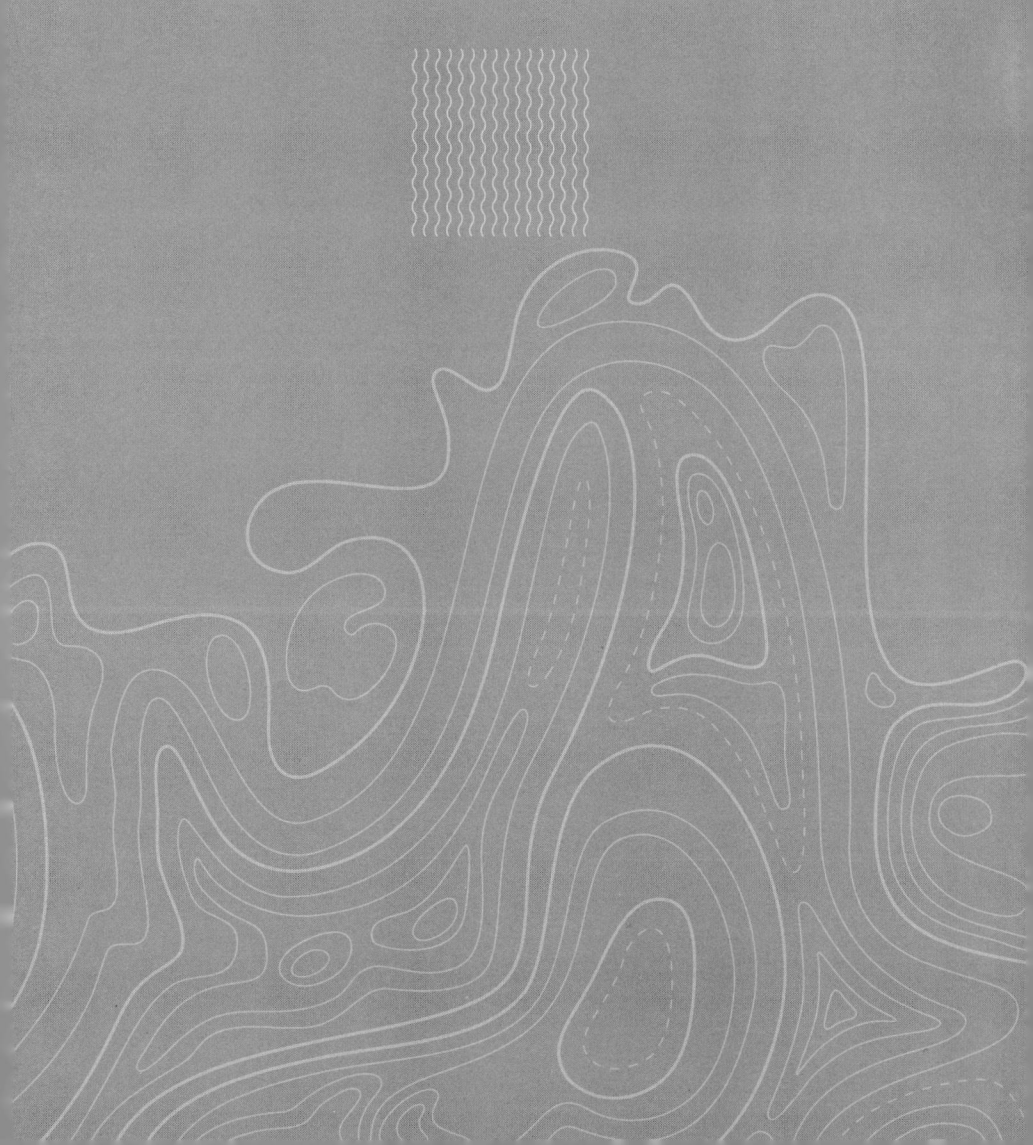

文明的冲突与和谐

这是一次探索和再探索的旅程,一次穿梭在我所认识的四个文明世界中的探险。最后,我将简要地提出这次探索带来的一些启示。

我们面临着前所未有的形势。地球上的人口流动正从涓涓细流变成波涛洪水。思想、态度和实物的交流速度也呈指数级增长。从武器到医药,从计算机到消费领域的新技术也在以惊人的速度变化。而这只是开始。2018年的世界与我在二十多年前的1996年居住的世界已经大不相同。而这似乎与1956年我上学时的世界更是光年之远。想象一下,如果照着这个速度发展下去,随着人口、技术、社会和政治变革的步伐不断升级,2036年或2056年会是什么样子?

在这四个最具影响力的世界文明的小插曲中,我试图给出一个粗略的、初步的地图。有了它,我们也许能够更清楚地理解令人费解的混合和文明的对抗。

显然,每个国家从外观看来都是杂糅的,没有"纯粹的"文明案例。然而,我仍然相信,就像树木或人类一样,每一个文明都有某些可识别的特征,这些特征在几个世纪中一直延续着。文明是坚韧的,可以延续许多代,即使它们像语言或生长中的树木一样不断地进化和变化。它们的大部分特征在很久以前就贮藏在种子里,并不断扩展和融合新的元素,但是结构大致是不变的。

其中一种观察它们的方法是以树作为比喻。如果我们以这种方式看待文明,为每一个文明选择一棵树,那么这四种文明就会是如下的样子。中国就像它的代表植物——**银杏**。银杏是一种"活化石",非常坚韧,自恐龙时代以来已经存活了数千年。它的叶子结构极度简单,繁殖系统却非常强有力(通过种子和气根)。它同时具有古老和崭新的特征。这是一个大自然的奇迹,它古老而持久的特性恰如中国。

从本质上讲,规模巨大的中国其实是一个结构简单的国家。它有两个主要成分。第一个特点是一切都是有关系的,结构化的,每一部分都由A和B之间的关系组成,就像阴和阳一样。所以它可以无限扩展,是不可毁灭的。第二个特点是,当它在侵略或革命的周期性大变动之后进行自我改革时,它都会回到高度集中的等级制度。它通过千丝万缕的联系把人们团结起来直至最高层,通过共享的书面语言,在广阔的区域内建立起一种社群观念。

○ ○ ○ ○

日本人就像**竹子**。同样的，非常强壮和持久，随风弯曲，但几乎不可能折断。它成功的部分原因也来自繁殖系统——通过地下形成的根或茎，每一个新的竹子都成长于另一个竹子的根，形成一个相互交织的群体，就像日本社会一样。

日本的基本结构甚至比中国更简单，可以说，就像纳豆的豆芽一样，根本没有真正的结构。一切都是关系，将对立进行融合，淡化个人价值。它在很大程度上是一个未分化的群体，每种关系都不平等，又在缺乏固定种姓和阶级的情况下相对平等。没有生硬的分割。这个领域和另一个领域重叠、融合，经济与政体，思想与社会在深层次上没有区别。它不是前现代、现代或后现代，而是作为一种文明独特地存在。同样，它具有强烈的集体意识和想象中的社群意识，并且有很强的抵御外部冲击的能力。

○ ○ ○ ○

欧洲文化圈可以用一种分布最广的树来代表，即**欧洲栗树（又称甜栗树或西班牙栗树）**，这种树在地中海和更北的地方都很茂盛。外表多刺危险，一旦打开，里面装满了营养丰富的坚果，也就是所谓的"穷人的面包"。

欧洲圈从俄罗斯西部延伸到中欧和西欧，一直到南美。它比其他文明更复杂，因为它有两种内涵或者说是两个源头，就像两条亲密交汇融合又剑拔弩张分开的小溪。一条起源于希腊，从罗马倒台后的千年中世纪封建主义时期走来。它在意大利的城邦和文艺复兴时期达到顶峰，至今仍存在于民主运动中，而民主运动一直保持着中世纪时对意识形态、财富、权力和社会的分离。

另一条小溪来自早期帝国的古代专制主义，通过罗马法的复兴和基督教教会与统治者之间的契约，贯穿到晚期罗马帝国主义。这一支是集中的、等级化的、壁垒森严的，混合了宗教和政治，倾向于极权主义。这两条河流在不同时期各领风骚。

◎◎◎◎

英语文化圈可以用**橡树**来代表。长寿而坚固的橡树被用在教堂和船只上，这些事物保证了英格兰的自由，但也实现了剥削他人而建立历史上最大的帝国。复杂而长寿的橡树标本讲述了一个古老而持续发展的故事，有时可以追溯到一千多年前。

这个体系始于欧洲外围的一个小岛上，起源于盎格鲁-撒克逊人。如果不是通过帝国的扩张和工业化的力量，它恐怕不会在历史上留下很多痕迹。结果是它奠定了现代世界的主流语言、法律、政治制度和经济组织。

从打破团体、家庭、种姓等所有由出生给予并决定一切的意义上来说，这是一个早期的"现代化"体系。个体拥有自己的整个文明，只属于他或她自己。个人是经济、社会、政治和意识形态的唯一交叉点。这是一种以孤独、对抗习惯、实证主义和表里不一而著称的文明。然而，它也可以表现出宽容、吸纳的能力，尊重权利，也热爱幽默和玩乐。

◎◎◎◎

所以我们有这些特有的安排或特征的聚合，每个都有自己独特的"深层注解"，同时也一直影响着其他人，特别是在过去的五百年里。正如所料，对于如何过一个合理而有意义的生活这一问题，每个答案都给其成员带来莫大好处，但也带来了困境。文明是不能融合的，如果融合的话，就像将所有颜色混合一样，我们最终只会得到一个暗棕色。

回到树的话题上，强迫一棵树变成另一棵树是没有意义的，我们需要做的是让它们共存。然而，如果其中一棵变得病弱，或者变得过于强壮，使其他树木黯然失色，那么极简主义的森林学家可能需要把它绑起来，或者支撑起来，或者砍断严重破坏另一棵树的枝条。但它还是作为原来那棵树的样子被留在那儿。**因此，世界作为一个不被过度干预的森林，有其合理的共存模式。**

理论上来说，虽然我所描述的四种文明架构天差地别，但是一旦它们能够理解互相的强项和弱项，它们没有理由不能像花园里的树木一样共存。

有些人会说这只是浪漫的幻想。"历史"表明我们都是邪恶的掠夺者。然而"历史"在很大程度上仍然是西方史。中国和日本的历史向我们讲述了不一样的故事。我们发现了长期的、持续数百年的和平与繁荣。即使我们承认过去是以恶毒的掠夺为特征的,我们也知道如果不遵从树木的智慧,我们很快就会死去。"文明冲突"的自我满足哲学将毁灭我们所有人。

◎◎◎◎

第二种比喻也很有用,因为它可以帮助我们思考如何在保持个性差异的基础上,强调共性和友谊,并能一起生活。我把关于和谐的隐喻想象成音乐和声,虽然不同的乐器或声音都保持着自己的旋律,但它们融合起来,成就了一种和谐的、相互丰富的整体,这看起来很不错。

和谐的本质是,不同的元素之间存在张力,保持它们的差异和特性,但又能协同工作。要达到这种协同性,所有的表演者必须就两条原则达成共识,否则就会出现分歧。一是需要制定一个统一的垂直音阶上的乐器间隔,它们必须在这个音阶内演奏,否则就会超标或不协调。第二是韵律和节拍,这样表演者就可以在正确的时间进入正确的小节。

基于这两个"原则",每个文明的音调和声音可能非常不同,而正是这种巨大的差异带来了复杂而丰富的层次。长久以来,社会都建立在这种和谐思想的基础之上。例如,在种姓制度下每个种姓都有其扮演的角色,或者在资本主义社会中存在劳动和阶级的划分。因此,没有理由相信更高层次的实体,即同一个世界里的多种文明,不能做到这一点。

◎◎◎◎

我们不可能消除紧张和误解。即使是多年来彼此相爱并互相了解对方的人之间,也会有愤怒和误解的时刻。更何况是文明快速融合过程中的巨大困惑。然而，我们可以通过更好地理解彼此，甚至学会彼此相爱，或者至少互相欣赏和取乐。这是我所希望的，也是我试图理解这四种文明的主要原因之一。理解文明还可以减少恐惧和无知，或许还可以令这个我们尚要生活数个世纪、面临一系列复杂关系问题的世界变得更加和谐。

致　谢

这一切始于我在赛德伯中学三位鼓舞人心的老师——安德鲁·摩根（Andrew Morgan）、大卫·奥尔本（David Alban）和伯蒂·米尔斯（Bertie Mius）。然后是我在牛津杰出的老师，其中詹姆斯·坎贝尔（James Campbell）和哈利·皮特（Harry Pitt）是本科生，基思·托马斯是研究生导师。这之后是我的人类学导师和引路人：E. E. 埃文斯-普里查德（E. E. Evans-Pritchard）、克里斯托夫·冯·费勒·海门多夫（Christoph von Fürer-Haimendorf）、杰克·古迪（Jack Goody）和欧内斯特·盖尔纳（Ernest Gellner）。

感谢来自世界各地的朋友和同事：我在中国和英国的学生，特别是王子岚、李朔、马啸、严潇潇。在中国，特别感谢周生春、李博忠教授以及我的朋友段魏宏。在日本，特别感谢健中村健一、齐藤修、杉原薰、速水明和田村爱里。而欧洲的部分要特别感谢彼得·伯克。我的朋友兼合著者吉米·布鲁斯·洛克哈特（Jamie Bruce Lockhart）通读了好几遍这本书的初稿,并就如何提高和精简内容提出了宝贵意见。

感谢我的朋友、同事和家人:艾丽斯·麦克法兰(Iris Macfarlane)、马克·都灵(Mark Turin)、已故的格瑞·马丁(Gerry Martin)和永远最重要的莎拉·哈里森(Sarah Harrison)。

这本书献给约翰·戴维,我非常想念他。他是我长期的朋友、经纪人、出版商和顾问,是他首先建议我写一本关于中国的书,在我写这本书的各个阶段都给予了我很多鼓励。